JN416255

사도신경

The Apostles' Creed

전능하사 천지를 만드신 하나님 아버지를 내가 믿사오며,
그 외아들 우리 주 예수 그리스도를 믿사오니,
이는 성령으로 잉태하사 동정녀 마리아에게 나시고,
'본디오 빌라도'에게 고난을 받으사,
십자가에 못박혀 죽으시고,
장사한 지 사흘 만에 죽은 자 가운데서 다시 살아나시며,
하늘에 오르사, 전능하신 하나님 우편에 앉아 계시다가,
저리로서 산 자와 죽은 자를 심판하러 오시리라.
성령을 믿사오며, 거룩한 교회와,
성도가 서로 교통하는 것과,
죄를 사하여 주시는 것과, 몸이 다시 사는 것과,
영원히 사는 것을 믿사옵나이다.
아멘.

손끝에서 피어나는
사랑의 권고

고린도전후서

따라쓰기

Hand Copying Scriptures

손끝에서 피어나는
사랑의 권고

고린도전후서

따라쓰기

Hand Copying Scriptures

개역개정

시작한 날 . . .
마 친 날 . . .

따라 쓴 이

요단
JORDAN
PRESS

"주께서 너희를 우리 주 예수 그리스도의 날에 책당할 것이 없는 자로 끝까지 견고하게 하시리라 너희를 불러 그의 아들 예수 그리스도 우리 주와 더불어 교제하게 하시는 하나님은 미쁘시도다" | 고전 1:3-9 |

고린도유적지

· 손끝에서 피어나는 사랑의 권고 ·

고린도전후서 따라쓰기 표

한 달 동안 따라쓰기

고린도전서			고린도후서		
일차	본문	√	일차	본문	√
1	1장	□	1	1장	□
2	2장	□	2	2장	□
3	3장	□	3	3장	□
4	4장	□	4	4장	□
5	5장	□	5	5장	□
6	6장	□	6	6장	□
7	7장	□	7	7장	□
8	8장	□	8	8장	□
9	9장	□	9	9장	□
10	10장	□	10	10장	□
11	11장	□	11	11장	□
12	12장	□	12	12장	□
13	13장	□	13	13장	□
14	14장	□			
15	15장	□			
16	16장	□			

· 손끝에서 피어나는 사랑의 권고 ·

활용법 일러두기

1. 각 장 뒤에 그 장의 묵상과 기도를 적어보도록 하였습니다.
2. 성경 본문을 실어 따라쓰기가 용이합니다.
3. 각 장 뒤에 그 장을 대표하는 구절 중에 한 구절을 영어로 따라 써 보도록 하였습니다.
4. 한글로 고린도전후서를 따라쓴 후에 영어와 한글로 각 장의 주요 구절을 다시 한 번 써 보도록 하였습니다.
5. 고린도전후서 따라쓰기를 모두 마친 후, 받은 은혜를 하나님께 감사하며 기도할 수 있도록 기도문을 실었습니다.

한 눈에 이해하는 고린도전후서 개관

로마의 번창하는 국제 무역 및 상업도시 고린도

고린도는 그리스 본토와 펠로폰네소스 반도 사이에 자리잡았다. 서쪽으로는 이오니아 해를 통과하여 로마로 갈 수 있었고 동쪽으로는 그리스 전역과 흑해 연안 그리고 지금의 터키 지역을 비롯하여 중동 지방과도 교역할 수 있는 천혜의 해상교통 중심지였다. 게다가 고린도는 그리스의 남과 북을 하나로 연결하는 관문지역이었다. 즉 고린도는 좌우, 상하의 모든 교통의 요충지였다.

이러한 고린도의 지리적 이점은 자연스럽게 무역업의 발전을 가져왔고 각지에서 몰려든 상인들의 상업활동이 매우 활발하게 일어나는 경제의 중심지였다. 로마시대 고린도의 인구는 50여만에 육박했다고 한다. 상업활동의 중심지였던 고린도는 풍요와 번영의 도시였다.

교통의 요충지이며 상업과 제조업이 발달한 교역과 경제의 중심지였던 고린도는 사업과 경제적 번영에 민감한 도시였다. 고린도는 매우 경쟁적이고 자기 욕구 충족에 대한 열망이 클 수 밖에 없었다. 또한 우리가 친기업 문화라고 부르는 성공을 향한 야망과 상업주의적 태도가 팽배했다.[1)]

1) Antony C. Thiselton, *1 CORINTHIANS: A Shorter Exegetical & Pastoral Commentary*, (Grand Rapids, Mishigan, Wm. B. Eerdans Publishing CO, 2006). 28.

고린도의 사회 분위기

교통의 중심지였던 고린도는 아가야 지방의 수도이며 로마총독의 소재지로 선택되었다. 문화적으로는 아테네를 당할 수 없었지만 정치적 지위와 지성적 예리함을 자랑했다. 예술이나 철학에 주도적으로 기여한 바는 없지만 악덕과 방탕함으로 악명을 떨쳤다. 고린도라는 지역은 방탕의 대명사처럼 여겨졌다.[2)]

고린도는 아프로디테 여신에 대한 숭배의 중심지였다. 고린도의 아크로폴리스 언덕의 위에 위치한 아프로디테 신전에는 약 천여 명의 성전 창기들이 있었다. 이들은 낮에는 아프로디테를 위한 제사를 드리러 오는 순례객과 일종의 종교행위로서의 성행위를 했고, 순례객들이 떠난 밤에는 고린도 시내에 내려와 사창가에서 자신의 몸을 팔았다. 교통의 요충지로서 세계 각지의 사람들이 몰려드는 도시의 특성과 여신숭배와 문란한 종교 행위가 결합되어 고린도는 성적으로 문란한 도시의 대명사가 된 것이다.

고린도는 로마의 식민지로서 재건축된 도시였다. 전쟁으로 폐허가 된 도시가 재건설된 때는 율리우스 카이사르의 때이다. 카이사르는 주전 44년 고린도를 자신이 지휘하던 군단의 퇴역 군인들을 위한 휴양 식민지로 기획하였다. 따라서 고린도의 기본 토착민은 군인들과 군인들이 부리던 노예나 소작인 집단들이었다. 그러나 고린도가 중계무역항으로 급부상하면서 기본 토착집단에 새로 유입되는 상인 집단들이 섞이기 시작하면서 굉장히 복잡한 인구구조를 가지게 되었다.[3)]

따라서 고린도에는 토착세력들의 전통 로마 다신교와 황제숭배 사상을 기본으로 각지에서 모여든 사람들에 의해서 전파된 이방 종교들이 뒤섞이면서 종교의 혼합이 빈번하게 일어났다. 그리고 이러한 종교의 혼합은 기독교도 예외가 아니었다. 바울 당시의 고린도 교회가 가졌던 수많은 문제들 중 혼합주의 종교에 대한 문제들도 자리하고 있었다. 이러한 문제는 고린도의 종교 사회적 문화의 특징에 기인한다.

2) 도널드 거스리, 김병국 역, 『신약서론』, (크리스천 다이제스트, 서울 2004), 395.
3) Antony C. Thiselton, *1 CORINTHIANS: A Shorter Exegetical & Pastoral Commentary,* (Grand Rapids, Mishigan, Wm. B. Eerdans Publishing CO, 2006), 29.

철학과 수사학의 도시 고린도

고린도 지역은 경제적으로 풍요로운 지역이었다. 경제적 여유로움은 철학과 수사학의 발전으로 이어졌다. 고린도 지역에 철학자들과 수사학자들이 모여들었고 이들은 종종 거리에서 자신의 사상을 사람들에게 설파했다. 자연스럽게 자신의 사상과 합치되는 사람들의 강연을 듣고자 하는 추종자들이 모여들었고 각각의 수사학자들과 철학자들이 파벌을 형성하기도 했다. 요즘 사회를 특징짓는 '포스트모더니즘'은 절대 진리를 거부하는데 이 당시 고린도의 분위기가 그랬다. 절대적인 진리를 찾기 보다는 자신의 구미에 맞는 사상을 찾아 다녔다. 그리고 자신의 구미에 맞는 사상을 설파하는 철학자와 수사학자를 중심으로 븐파를 구성하는 데에 재미가 들렸다. 그리고 이러한 파당 짓기의 습관은 고린도 교회 안으로 고스란히 들어왔다. 고린도전서에서 가장 먼저 소개되고 있는 고린도 교회의 문제점이 파당 짓기에 대한 것이었음을 기억할 필요가 있다.

바울과 고린도의 그리스도인들

고린도 교회는 사도행전 18:1 이하에 따라 바울의 두 번째 선교여행 때 설립되었다.[4] 고린도에서 바울은 브리스길라와 아굴라 부부를 만난다. 성경에서는 그들이 생업이 같았다고 이야기한다. 즉 바울이 했던 천막 만드는 일을 브리스길라와 아굴라 부부도 하고 있었던 것이다. 그들은 일하며 안식일이 되면 유대인의 회당에서 복음을 증거했다. 이어 실라와 디모데가 고린도에서 바울과 합류한다. 이들의 동역으로 인해 주의 복음이 고린도에 선포되었으나 반대자들도 많이 있었다. 반대자들의 극렬한 반대에도 불구하고 바울은 성령의 인도하심을 받아 고린도에서 1년 6개월 동안 복음을 증거했다.

이 기간 동안 고린도 교회는 사도 바울 일행의 눈물의 헌신과 사력을 다한 훈련으로 그리스도를 만나고 성령을 뜨겁게 체험했을 것이다. 그리고 그 결과 고린도 교회에는 수많은 성령의 은사들이 드러났다.[5]

4) 한스 콘젤만, 안드레아스 린데만, 박두환 옮김, 『신약성서 어떻게 읽을 것인가』, (한국신학연구소, 서울 종로구, 2003), 382
5) 사도행전 18:1-11 참조

집필동기와 목적

고린도전서는 고린도 교회가 당면한 여러 문제점들과 교회 성도들이 안고 있는 의문점들에 대한 신앙적 답변과 교훈을 주기 위해 기록되었다. 그 문제점에는 파당짓기, 음란함, 우상 숭배에 관한 문제, 주의 만찬에 대한 문제, 방언과 예언 등 은사의 무분별한 사용, 부활을 부정하는 이단들에 대한 책망과 부활에 대한 확증 등이 있었다. 사도 바울은 이러한 고린도 교회의 문제점에 대해 지적하며 바른 해결책을 제시하는 내용으로 고린도전서를 기록한다.

고린도후서는 이러한 문제와 더불어 예루살렘으로부터 추천을 받았다고 주장하며 고린도 교회에 나타나 바울의 사도권을 부정하며 잘못된 교리를 퍼뜨리고 있던 유대주의 이단에 대한 책망과 자신의 사도권을 방어하는 내용이 담겨 있다. 고린도후서는 사도바울이 자신의 사도권을 변증함으로써 거짓 교사들의 악한 선동을 물리치고 자신에 대한 고린도 교회 성도들의 모든 오해를 풀어주기 위해 기록했다. 또한 기근을 당한 예루살렘 교회를 위한 헌금을 모금하기 위한 목적으로 기록되었다.[6]

내용 요약

고린도전서

1. 머리말(1:1–9)
2. 교회 내의 분쟁(1:10–4:21)
3. 교회 내의 무질서(5:1–6:20)
4. 교회 내의 문제들(7:1–15:58)
   - 결혼(7장)
   - 우상에게 바친 제물을 먹는 문제(8장)
   - 사도권 변증(9장)
   - 우상숭배를 피하라(10장)
   - 여자가 머리를 가리는 것과 성만찬 문제(11장)
   - 은사 문제(12–14장)
   - 그리스도 부활논쟁(15장)
5. 결론: 권면과 끝인사(16:1–24)

6 『밥티스트 열린 노트성경』. 요단출판사, 2009, 262.

고린도후서

1 자신의 행위와 직분에 관한 설명(1:1–7:16)

- 첫인사 및 고린도 교회 방문 연기 통보(1:1–2:4)
- 근심한 사람에 대한 용서, 그리스도의 향기임을 상기시킴 (2:4–2:17)
- 우리는 새 언약의 일꾼들이다(3:1–3:18)
- 질그릇에 담긴 보배, 쇠락하는 겉 사람 날로 새로워지는 새 사람(4:1–5:10)
- 화목하게 하는 직분을 삼으신 주(5:11–6:13)
- 우리는 살아계신 하나님의 성전, 고린도 교회의 회개(6:14–7:16)

2 예루살렘 성도들을 위한 헌금 권고(8:1–9:15)

3 자신의 사도권 변호 및 끝인사(10:1–13:13)

고린도전서

서론

인사와 감사

고린도전서 1:1-9

손끝에서 피어나는
사랑의 권고

고린도전후서
따라쓰기

서론

서론: 인사와 감사

고린도전서 1:1–9

1장

인사와 감사

1 하나님의 뜻을 따라 그리스도 예수의 사도로 부르심을 받은 바울과
형제 소스데네는
2 고린도에 있는 하나님의 교회 곧 그리스도 예수 안에서 거룩하여지
고 성도라 부르심을 받은 자들과 또 각처에서 우리의 주 곧 그들과
우리의 주 되신 예수 그리스도의 이름을 부르는 모든 자들에게
3 하나님 우리 아버지와 주 예수 그리스도로부터 은혜와 평강이 있기
를 원하노라
4 그리스도 예수 안에서 너희에게 주신 하나님의 은혜로 말미암아 내
가 너희를 위하여 항상 하나님께 감사하노니
5 이는 너희가 그 안에서 모든 일 곧 모든 언변과 모든 지식에 풍족하
므로
6 그리스도의 증거가 너희 중에 견고하게 되어
7 너희가 모든 은사에 부족함이 없이 우리 주 예수 그리스도의 나타나
심을 기다림이라
8 주께서 너희를 우리 주 예수 그리스도의 날에 책망할 것이 없는 자로
끝까지 견고하게 하시리라
9 너희를 불러 그의 아들 예수 그리스도 우리 주와 더불어 교제하게 하
시는 하나님은 미쁘시도다

인사와 감사

1

2

3

4

5

6

7

8

9

고린도전서

본론

1부: 교회 내의 분쟁
고린도전서 1:10-4:21

2부: 교회 내의 무질서
고린도전서 5:1-6:20

3부: 교회 내의 문제들
고린도전서 7:1-15:58

손끝에서 피어나는
사랑의 권고
고린도전후서
따라쓰기

본론 1부

교회 내의 분쟁

고린도전서 1:10–4:21

1장

고린도교회의 분쟁

10 형제들아 내가 우리 주 예수 그리스도의 이름으로 너희를 권하노니
모두가 같은 말을 하고 너희 가운데 분쟁이 없이 같은 마음과 같은
뜻으로 온전히 합하라
11 내 형제들아 글로에의 집 편으로 너희에 대한 말이 내게 들리니 곧 너
희 가운데 분쟁이 있다는 것이라
12 내가 이것을 말하거니와 너희가 각각 이르되 나는 바울에게, 나는 아
볼로에게, 나는 게바에게, 나는 그리스도에게 속한 자라 한다는 것이
니
13 그리스도께서 어찌 나뉘었느냐 바울이 너희를 위하여 십자가에 못
박혔으며 바울의 이름으로 너희가 침(세)례를 받았느냐
14 나는 그리스보와 가이오 외에는 너희 중 아무에게도 내가 침(세)례를
베풀지 아니한 것을 감사하노니
15 이는 아무도 나의 이름으로 침(세)례를 받았다 말하지 못하게 하려
함이라
16 내가 또한 스데바나 집 사람에게 침(세)례를 베풀었고 그 외에는 다
른 누구에게 침(세)례를 베풀었는지 알지 못하노라
17 그리스도께서 나를 보내심은 침(세)례를 베풀게 하려 하심이 아니요
오직 복음을 전하게 하려 하심이로되 말의 지혜로 하지 아니함은 그
리스도의 십자가가 헛되지 않게 하려 함이라

참조

분쟁(10절)

: 고린도는 철학과 수사학이 발전한 도시였다. 거리에서 자신의 사상을 설파하는 사람들을 따라다니며 추종하는 세력들이 있었고 사상가들은 이들을 제자로 삼아 문파를 이루었다. 이러한 문화가 교회에도 그대로 들어와서 분쟁의 씨앗이 되었다.

고린도교회의 분쟁

10

11

12

13

14

15

16

17

본론 1부

교회 내의 분쟁

고린도전서 1:10–4:21

1장

하나님의 능력과 지혜이신 그리스도

18 십자가의 도가 멸망하는 자들에게는 미련한 것이요 구원을 받는 우
리에게는 하나님의 능력이라
19 기록된 바 내가 지혜 있는 자들의 지혜를 멸하고 총명한 자들의 총명
을 폐하리라 하였으니
20 지혜 있는 자가 어디 있느냐 선비가 어디 있느냐 이 세대에 변론가가
어디 있느냐 하나님께서 이 세상의 지혜를 미련하게 하신 것이 아니
냐
21 하나님의 지혜에 있어서는 이 세상이 자기 지혜로 하나님을 알지 못
하므로 하나님께서 전도의 미련한 것으로 믿는 자들을 구원하시기를
기뻐하셨도다
22 유대인은 표적을 구하고 헬라인은 지혜를 찾으나
23 우리는 십자가에 못 박힌 그리스도를 전하니 유대인에게는 거리끼는
것이요 이방인에게는 미련한 것이로되
24 오직 부르심을 받은 자들에게는 유대인이나 헬라인이나 그리스도는
하나님의 능력이요 하나님의 지혜니라
25 하나님의 어리석음이 사람보다 지혜롭고 하나님의 약하심이 사람보
다 강하니라
26 형제들아 너희를 부르심을 보라 육체를 따라 지혜로운 자가 많지 아
니하며 능한 자가 많지 아니하며 문벌 좋은 자가 많지 아니하도다

하나님의 능력과 지혜이신 그리스도

18

19

20

21

22

23

24

25

26

본론 1부

교회 내의 분쟁

고린도전서 1:10-4:21

1장

27 그러나 하나님께서 세상의 미련한 것들을 택하사 지혜 있는 자들을
부끄럽게 하려 하시고 세상의 약한 것들을 택하사 강한 것들을 부끄
럽게 하려 하시며
28 하나님께서 세상의 천한 것들과 멸시 받는 것들과 없는 것들을 택하
사 있는 것들을 폐하려 하시나니
29 이는 아무 육체도 하나님 앞에서 자랑하지 못하게 하려 하심이라
30 너희는 하나님으로부터 나서 그리스도 예수 안에 있고 예수는 하나
님으로부터 나와서 우리에게 지혜와 의로움과 거룩함과 구원함이 되
셨으니
31 기록된 바 자랑하는 자는 주 안에서 자랑하라 함과 같게 하려 함이
라

Verse Writing

18 For the message of the cross is foolishness to those who are perishing, but to us
who are being saved it is the power of God.

27

28

29

30

31

묵상 • 기도

본론 1부

교회 내의 분쟁

고린도전서 1:10-4:21

2장

십자가에 못 박히신 그리스도

1 형제들아 내가 너희에게 나아가 하나님의 증거를 전할 때에 말과 지
혜의 아름다운 것으로 아니하였나니
2 내가 너희 중에서 예수 그리스도와 그가 십자가에 못 박히신 것 외에
는 아무 것도 알지 아니하기로 작정하였음이라
3 내가 너희 가운데 거할 때에 약하고 두려워하고 심히 떨었노라
4 내 말과 내 전도함이 설득력 있는 지혜의 말로 하지 아니하고 다만
성령의 나타나심과 능력으로 하여
5 너희 믿음이 사람의 지혜에 있지 아니하고 다만 하나님의 능력에 있
게 하려 하였노라

성령으로 보이셨다

6 그러나 우리가 온전한 자들 중에서는 지혜를 말하노니 이는 이 세상
의 지혜가 아니요 또 이 세상에서 없어질 통치자들의 지혜도 아니요
7 오직 은밀한 가운데 있는 하나님의 지혜를 말하는 것으로서 곧 감추
어졌던 것인데 하나님이 우리의 영광을 위하여 만세 전에 미리 정하
신 것이라
8 이 지혜는 이 세대의 통치자들이 한 사람도 알지 못하였나니 만일 알
았더라면 영광의 주를 십자가에 못 박지 아니하였으리라

참조

말과 지혜(1절)

: 말과 지혜는 그 당시 고린도를 대변하는 키워드 중 하나였다. 말은 수사학을 의미하고 지혜는 각종 철학을 의미한다. 바울은 사상과 언변의 도시인 고린도에서 성령의 나타나심과 능력으로 전도했다고 고백한다(4).

십자가에 못 박히신 그리스도

1

2

3

4

5

성령으로 보이셨다

6

7

8

교회 내의 분쟁

고린도전서 1:10-4:21

2장

9 기록된 바 하나님이 자기를 사랑하는 자들을 위하여 예비하신 모든
것은 눈으로 보지 못하고 귀로 듣지 못하고 사람의 마음으로 생각하
지도 못하였다 함과 같으니라
10 오직 하나님이 성령으로 이것을 우리에게 보이셨으니 성령은 모든 것
곧 하나님의 깊은 것까지도 통달하시느니라
11 사람의 일을 사람의 속에 있는 영 외에 누가 알리요 이와 같이 하나
님의 일도 하나님의 영 외에는 아무도 알지 못하느니라
12 우리가 세상의 영을 받지 아니하고 오직 하나님으로부터 온 영을 받
았으니 이는 우리로 하여금 하나님께서 우리에게 은혜로 주신 것들
을 알게 하려 하심이라
13 우리가 이것을 말하거니와 사람의 지혜가 가르친 말로 아니하고 오직
성령께서 가르치신 것으로 하니 영적인 일은 영적인 것으로 분별하느
니라
14 육에 속한 사람은 하나님의 성령의 일들을 받지 아니하나니 이는 그
것들이 그에게는 어리석게 보임이요, 또 그는 그것들을 알 수도 없나
니 그러한 일은 영적으로 분별되기 때문이라
15 신령한 자는 모든 것을 판단하나 자기는 아무에게도 판단을 받지 아
니하느니라
16 누가 주의 마음을 알아서 주를 가르치겠느냐 그러나 우리가 그리스
도의 마음을 가졌느니라

9

10

11

12

13

14

15

16

교회 내의 분쟁

고린도전서 1:10-4:21

3장

하나님의 동역자들

1 형제들아 내가 신령한 자들을 대함과 같이 너희에게 말할 수 없어서
육신에 속한 자 곧 그리스도 안에서 어린 아이들을 대함과 같이 하
노라
2 내가 너희를 젖으로 먹이고 밥으로 아니하였노니 이는 너희가 감당하
지 못하였음이거니와 지금도 못하리라
3 너희는 아직도 육신에 속한 자로다 너희 가운데 시기와 분쟁이 있으
니 어찌 육신에 속하여 사람을 따라 행함이 아니리요
4 어떤 이는 말하되 나는 바울에게라 하고 다른 이는 나는 아볼로에게
라 하니 너희가 육의 사람이 아니리요
5 그런즉 아볼로는 무엇이며 바울은 무엇이냐 그들은 주께서 각각 주
신 대로 너희로 하여금 믿게 한 사역자들이니라
6 나는 심었고 아볼로는 물을 주었으되 오직 하나님께서 자라나게 하
셨나니
7 그런즉 심는 이나 물 주는 이는 아무 것도 아니로되 오직 자라게 하
시는 이는 하나님뿐이니라
8 심는 이와 물 주는 이는 한가지이나 각각 자기가 일한 대로 자기의
상을 받으리라
9 우리는 하나님의 동역자들이요 너희는 하나님의 밭이요 하나님의 집
이니라

참조

자라나게 하시는 이(6절)

: 당시 고린도 교회는 바울, 아볼로, 게바, 그리스도 등 네 개 파당이 존재했다. 그러나 바울은 이 모든 파당을 인정하지 않는다. 자신과 베드로는 씨를 뿌리고 아볼로는 물을 주었다고 고백한다. 그러나 오직 자라게 하시는 분은 하나님이시다. 그리스도를 믿고, 신앙 안에서 자라남은 오직 하나님만이 하실 수 있는 특권이다.

하나님의 동역자들

1

2

3

4

5

6

7

8

9

3장

10 내게 주신 하나님의 은혜를 따라 내가 지혜로운 건축자와 같이 터를
닦아 두매 다른 이가 그 위에 세우나 그러나 각각 어떻게 그 위에 세
울까를 조심할지니라
11 이 닦아 둔 것 외에 능히 다른 터를 닦아 둘 자가 없으니 이 터는 곧
예수 그리스도라
12 만일 누구든지 금이나 은이나 보석이나 나무나 풀이나 짚으로 이 터
위에 세우면
13 각 사람의 공적이 나타날 터인데 그 날이 공적을 밝히리니 이는 불로
나타내고 그 불이 각 사람의 공적이 어떠한 것을 시험할 것임이라
14 만일 누구든지 그 위에 세운 공적이 그대로 있으면 상을 받고
15 누구든지 그 공적이 불타면 해를 받으리니 그러나 자신은 구원을 받
되 불 가운데서 받은 것 같으리라
16 너희는 너희가 하나님의 성전인 것과 하나님의 성령이 너희 안에 계시
는 것을 알지 못하느냐
17 누구든지 하나님의 성전을 더럽히면 하나님이 그 사람을 멸하시리라
하나님의 성전은 거룩하니 너희도 그러하니라
18 아무도 자신을 속이지 말라 너희 중에 누구든지 이 세상에서 지혜
있는 줄로 생각하거든 어리석은 자가 되라 그리하여야 지혜로운 자가
되리라

10

11

12

13

14

15

16

17

18

3장

19 이 세상 지혜는 하나님께 어리석은 것이니 기록된 바 하나님은 지혜
있는 자들로 하여금 자기 꾀에 빠지게 하시는 이라 하였고
20 또 주께서 지혜 있는 자들의 생각을 헛것으로 아신다 하셨느니라
21 그런즉 누구든지 사람을 자랑하지 말라 만물이 다 너희 것임이라
22 바울이나 아볼로나 게바나 세계나 생명이나 사망이나 지금 것이나
장래 것이나 다 너희의 것이요
23 너희는 그리스도의 것이요 그리스도는 하나님의 것이니라

Verse Writing

8 The man who plants and the man who waters have one purpose, and each will be
rewarded according to his own labor.

19

20

21

22

23

묵상 • 기도

4장

그리스도의 일꾼

1 사람이 마땅히 우리를 그리스도의 일꾼이요 하나님의 비밀을 맡은
자로 여길지어다
2 그리고 맡은 자들에게 구할 것은 충성이니라
3 너희에게나 다른 사람에게나 판단 받는 것이 내게는 매우 작은 일이
라 나도 나를 판단하지 아니하노니
4 내가 자책할 아무 것도 깨닫지 못하나 이로 말미암아 의롭다 함을 얻
지 못하노라 다만 나를 심판하실 이는 주시니라
5 그러므로 때가 이르기 전 곧 주께서 오시기까지 아무 것도 판단하지
말라 그가 어둠에 감추인 것들을 드러내고 마음의 뜻을 나타내시리
니 그 때에 각 사람에게 하나님으로부터 칭찬이 있으리라
6 형제들아 내가 너희를 위하여 이 일에 나와 아볼로를 들어서 본을 보
였으니 이는 너희로 하여금 기록된 말씀 밖으로 넘어가지 말라 한 것
을 우리에게서 배워 서로 대적하여 교만한 마음을 가지지 말게 하려
함이라
7 누가 너를 남달리 구별하였느냐 네게 있는 것 중에 받지 아니한 것이
무엇이냐 네가 받았은즉 어찌하여 받지 아니한 것 같이 자랑하느냐
8 너희가 이미 배 부르며 이미 풍성하며 우리 없이도 왕이 되었도다 우
리가 너희와 함께 왕 노릇 하기 위하여 참으로 너희가 왕이 되기를
원하노라

그리스도의 일꾼

1

2

3

4

5

6

7

8

4장

9 내가 생각하건대 하나님이 사도인 우리를 죽이기로 작정된 자 같이
끄트머리에 두셨으매 우리는 세계 곧 천사와 사람에게 구경거리가 되
었노라
10 우리는 그리스도 때문에 어리석으나 너희는 그리스도 안에서 지혜롭
고 우리는 약하나 너희는 강하고 너희는 존귀하나 우리는 비천하여
11 바로 이 시각까지 우리가 주리고 목마르며 헐벗고 매맞으며 정처가 없
고
12 또 수고하여 친히 손으로 일을 하며 모욕을 당한즉 축복하고 박해를
받은즉 참고
13 비방을 받은즉 권면하니 우리가 지금까지 세상의 더러운 것과 만물
의 찌꺼기 같이 되었도다
14 내가 너희를 부끄럽게 하려고 이것을 쓰는 것이 아니라 오직 너희를
내 사랑하는 자녀 같이 권하려 하는 것이라
15 그리스도 안에서 일만 스승이 있으되 아버지는 많지 아니하니 그리
스도 예수 안에서 내가 복음으로써 너희를 낳았음이라
16 그러므로 내가 너희에게 권하노니 너희는 나를 본받는 자가 되라
17 이로 말미암아 내가 주 안에서 내 사랑하고 신실한 아들 디모데를 너
희에게 보내었으니 그가 너희로 하여금 그리스도 예수 안에서 나의
행사 곧 내가 각처 각 교회에서 가르치는 것을 생각나게 하리라

참조

일만 스승과 아비(15절)

: 무엇이 옳은 길인지 말로만 알려주는 스승은 많이 있다. 그러나 끝까지 믿어주고 끌어주며 함께 걸어가 줄 아버지와 같은 존재를 만나는 것은 어렵다. 교회 내에서 나는 말로만 가르치는 선생인가? 아니면 끝까지 책임지는 아비인가?

9

10

11

12

13

14

15

16

17

4장

18 어떤 이들은 내가 너희에게 나아가지 아니할 것 같이 스스로 교만하
여졌으나
19 주께서 허락하시면 내가 너희에게 속히 나아가서 교만한 자들의 말이
아니라 오직 그 능력을 알아보겠으니
20 하나님의 나라는 말에 있지 아니하고 오직 능력에 있음이라
21 너희가 무엇을 원하느냐 내가 매를 가지고 너희에게 나아가랴 사랑과
온유한 마음으로 나아가랴

Verse Writing

15 Even though you have ten thousand guardians in Christ, you do not have many
fathers, for in Christ Jesus I became your father through the gospel.

....

....

....

18

19

20

21

묵상 • 기도

본론 2부

교회 내의 무질서

고린도전서 5:1-6:20

5장

음행한 자를 판단하다

1 너희 중에 심지어 음행이 있다 함을 들으니 그런 음행은 이방인 중에
서도 없는 것이라 누가 그 아버지의 아내를 취하였다 하는도다
2 그리하고도 너희가 오히려 교만하여져서 어찌하여 통한히 여기지 아
니하고 그 일 행한 자를 너희 중에서 쫓아내지 아니하였느냐
3 내가 실로 몸으로는 떠나 있으나 영으로는 함께 있어서 거기 있는 것
같이 이런 일 행한 자를 이미 판단하였노라
4 주 예수의 이름으로 너희가 내 영과 함께 모여서 우리 주 예수의 능
력으로
5 이런 자를 사탄에게 내주었으니 이는 육신은 멸하고 영은 주 예수의
날에 구원을 받게 하려 함이라
6 너희가 자랑하는 것이 옳지 아니하도다 적은 누룩이 온 덩어리에 퍼
지는 것을 알지 못하느냐
7 너희는 누룩 없는 자인데 새 덩어리가 되기 위하여 묵은 누룩을 내버
리라 우리의 유월절 양 곧 그리스도께서 희생되셨느니라
8 이러므로 우리가 명절을 지키되 묵은 누룩으로도 말고 악하고 악의
에 찬 누룩으로도 말고 누룩이 없이 오직 순전함과 진실함의 떡으로
하자

음행한 자를 판단하다

1

2

3

4

5

6

7

8

본론 2부

교회 내의 무질서

고린도전서 5:1-6:20

5장

9 내가 너희에게 쓴 편지에 음행하는 자들을 사귀지 말라 하였거니와
10 이 말은 이 세상의 음행하는 자들이나 탐하는 자들이나 속여 빼앗는
자들이나 우상 숭배하는 자들을 도무지 사귀지 말라 하는 것이 아니
니 만일 그리하려면 너희가 세상 밖으로 나가야 할 것이라
11 이제 내가 너희에게 쓴 것은 만일 어떤 형제라 일컫는 자가 음행하거
나 탐욕을 부리거나 우상 숭배를 하거나 모욕하거나 술 취하거나 속
여 빼앗거든 사귀지도 말고 그런 자와는 함께 먹지도 말라 함이라
12 밖에 있는 사람들을 판단하는 것이야 내게 무슨 상관이 있으리요마
는 교회 안에 있는 사람들이야 너희가 판단하지 아니하랴
13 밖에 있는 사람들은 하나님이 심판하시려니와 이 악한 사람은 너희
중에서 내쫓으라

Verse Writing

11 But now I am writing you that you must not associate with anyone who calls himself a brother but is sexually immoral or greedy, an idolater or a slanderer, a drunkard or a swindler. With such a man do not even eat.

참조

내가 너희에게 쓴 편지
(9절)
: 학자들은 바울이 고린도전서 전에 간략한 내용의 편지를 미리 보냈을 것이라고 생각한다.

9

10

11

12

13

묵상 • 기도

6장

세상 법정에 송사하지 말라

1 너희 중에 누가 다른 이와 더불어 다툼이 있는데 구태여 불의한 자들
앞에서 고발하고 성도 앞에서 하지 아니하느냐
2 성도가 세상을 판단할 것을 너희가 알지 못하느냐 세상도 너희에게
판단을 받겠거든 지극히 작은 일 판단하기를 감당하지 못하겠느냐
3 우리가 천사를 판단할 것을 너희가 알지 못하느냐 그러하거든 하물
며 세상 일이랴
4 그런즉 너희가 세상 사건이 있을 때에 교회에서 경히 여김을 받는 자
들을 세우느냐
5 내가 너희를 부끄럽게 하려 하여 이 말을 하노니 너희 가운데 그 형
제간의 일을 판단할 만한 지혜 있는 자가 이같이 하나도 없느냐
6 형제가 형제와 더불어 고발할 뿐더러 믿지 아니하는 자들 앞에서 하
느냐
7 너희가 피차 고발함으로 너희 가운데 이미 뚜렷한 허물이 있나니 차
라리 불의를 당하는 것이 낫지 아니하며 차라리 속는 것이 낫지 아니
하냐
8 너희는 불의를 행하고 속이는구나 그는 너희 형제로다

세상 법정에 송사하지 말라

1

2

3

4

5

6

7

8

본론 2부

교회 내의 무질서

고린도전서 5:1-6:20

6장

9 불의한 자가 하나님의 나라를 유업으로 받지 못할 줄을 알지 못하느
냐 미혹을 받지 말라 음행하는 자나 우상 숭배하는 자나 간음하는
자나 탐색하는 자나 남색하는 자나
10 도적이나 탐욕을 부리는 자나 술 취하는 자나 모욕하는 자나 속여
빼앗는 자들은 하나님의 나라를 유업으로 받지 못하리라
11 너희 중에 이와 같은 자들이 있더니 주 예수 그리스도의 이름과 우리
하나님의 성령 안에서 씻음과 거룩함과 의롭다 하심을 받았느니라

몸으로 하나님께 영광을 돌리라

12 모든 것이 내게 가하나 다 유익한 것이 아니요 모든 것이 내게 가하
나 내가 무엇에든지 얽매이지 아니하리라
13 음식은 배를 위하여 있고 배는 음식을 위하여 있으나 하나님은 이것
저것을 다 폐하시리라 몸은 음란을 위하여 있지 않고 오직 주를 위하
여 있으며 주는 몸을 위하여 계시느니라
14 하나님이 주를 다시 살리셨고 또한 그의 권능으로 우리를 다시 살리
시리라
15 너희 몸이 그리스도의 지체인 줄을 알지 못하느냐 내가 그리스도의
지체를 가지고 창녀의 지체를 만들겠느냐 결코 그럴 수 없느니라

9

10

11

몸으로 하나님께 영광을 돌리라

12

13

14

15

6장

16 창녀와 합하는 자는 그와 한 몸인 줄을 알지 못하느냐 일렀으되 둘
이 한 육체가 된다 하셨나니
17 주와 합하는 자는 한 영이니라
18 음행을 피하라 사람이 범하는 죄마다 몸 밖에 있거니와 음행하는 자
는 자기 몸에 죄를 범하느니라
19 너희 몸은 너희가 하나님께로부터 받은 바 너희 가운데 계신 성령의
전인 줄을 알지 못하느냐 너희는 너희 자신의 것이 아니라
20 값으로 산 것이 되었으니 그런즉 너희 몸으로 하나님께 영광을 돌리라

Verse Writing

15 Do you not know that your bodies are members of Christ himself? Shall I then
take the members of Christ and unite them with a prostitute? Never!

참조

성령의 전(19절)

: 당시 바울은 고린도교회에 파다했던 영지주의와 싸우고 있었다. 사람들은 영을 잘 관리해야 하지만 몸은 껍데기에 지나지 않는다고 생각했다. 그래서 고린도교회에서도 음란의 문제는 심각한 이슈였다. 사도바울은 고린도교인들에게 몸은 껍데기가 아니라 성령께서 거하시는 성전임을 분명히 함으로써 영지주의적 사고방식을 타파한다.

16

17

18

19

20

묵상 • 기도

본론 3부

교회 내의 문제들

고린도전서 7:1-15:58

7장

결혼에 대하여 이르다

1 너희가 쓴 문제에 대하여 말하면 남자가 여자를 가까이 아니함이 좋
으나
2 음행을 피하기 위하여 남자마다 자기 아내를 두고 여자마다 자기 남
편을 두라
3 남편은 그 아내에 대한 의무를 다하고 아내도 그 남편에게 그렇게 할
지라
4 아내는 자기 몸을 주장하지 못하고 오직 그 남편이 하며 남편도 그와
같이 자기 몸을 주장하지 못하고 오직 그 아내가 하나니
5 서로 분방하지 말라 다만 기도할 틈을 얻기 위하여 합의상 얼마 동
안은 하되 다시 합하라 이는 너희가 절제 못함으로 말미암아 사탄이
너희를 시험하지 못하게 하려 함이라
6 그러나 내가 이 말을 함은 허락이요 명령은 아니니라
7 나는 모든 사람이 나와 같기를 원하노라 그러나 각각 하나님께 받은
자기의 은사가 있으니 이 사람은 이러하고 저 사람은 저러하니라
8 내가 결혼하지 아니한 자들과 과부들에게 이르노니 나와 같이 그냥
지내는 것이 좋으니라
9 만일 절제할 수 없거든 결혼하라 정욕이 불 같이 타는 것보다 결혼
하는 것이 나으니라

참조

결혼(8절)

: 혼인 문제의 다양한 측면이 다뤄지는 장이다. 당시 고린도 교회는 결혼을 반드시 해야 한다는 주장과 하지 말아야 한다는 주장으로 대립하고 있었다. 바울은 이 두 주장이 모두 그릇되었음을 전제한 뒤 혼인을 하든 하지 않든 결국 주님의 영광을 위해 실행되어야 함을 주장한다.

결혼에 대하여 이르다

1

2

3

4

5

6

7

8

9

본론 3부

교회 내의 문제들

고린도전서 7:1–15:58

7장

10 결혼한 자들에게 내가 명하노니 (명하는 자는 내가 아니요 주시라)
여자는 남편에게서 갈라서지 말고
11 (만일 갈라섰으면 그대로 지내든지 다시 그 남편과 화합하든지 하라)
남편도 아내를 버리지 말라
12 그 나머지 사람들에게 내가 말하노니 (이는 주의 명령이 아니라) 만일
어떤 형제에게 믿지 아니하는 아내가 있어 남편과 함께 살기를 좋아
하거든 그를 버리지 말며
13 어떤 여자에게 믿지 아니하는 남편이 있어 아내와 함께 살기를 좋아
하거든 그 남편을 버리지 말라
14 믿지 아니하는 남편이 아내로 말미암아 거룩하게 되고 믿지 아니하
는 아내가 남편으로 말미암아 거룩하게 되나니 그렇지 아니하면 너희
자녀도 깨끗하지 못하니라 그러나 이제 거룩하니라
15 혹 믿지 아니하는 자가 갈리거든 갈리게 하라 형제나 자매나 이런 일
에 구애될 것이 없느니라 그러나 하나님은 화평 중에서 너희를 부르
셨느니라
16 아내 된 자여 네가 남편을 구원할는지 어찌 알 수 있으며 남편 된 자
여 네가 네 아내를 구원할는지 어찌 알 수 있으리요
17 오직 주께서 각 사람에게 나눠 주신 대로 하나님이 각 사람을 부르신
그대로 행하라 내가 모든 교회에서 이와 같이 명하노라

10

11

12

13

14

15

16

17

본론 3부

교회 내의 문제들

고린도전서 7:1–15:58

7장

18 할례자로서 부르심을 받은 자가 있느냐 무할례자가 되지 말며 무할
례자로 부르심을 받은 자가 있느냐 할례를 받지 말라
19 할례 받는 것도 아무 것도 아니요 할례 받지 아니하는 것도 아무 것
도 아니로되 오직 하나님의 계명을 지킬 따름이니라
20 각 사람은 부르심을 받은 그 부르심 그대로 지내라
21 네가 종으로 있을 때에 부르심을 받았느냐 염려하지 말라 그러나 네
가 자유롭게 될 수 있거든 그것을 이용하라
22 주 안에서 부르심을 받은 자는 종이라도 주께 속한 자유인이요 또
그와 같이 자유인으로 있을 때에 부르심을 받은 자는 그리스도의 종
이니라
23 너희는 값으로 사신 것이니 사람들의 종이 되지 말라
24 형제들아 너희는 각각 부르심을 받은 그대로 하나님과 함께 거하라

처녀와 과부에게 주는 권면

25 처녀에 대하여는 내가 주께 받은 계명이 없으되 주의 자비하심을 받
아서 충성스러운 자가 된 내가 의견을 말하노니
26 내 생각에는 이것이 좋으니 곧 임박한 환난으로 말미암아 사람이 그
냥 지내는 것이 좋으니라

18

19

20

21

22

23

24

처녀와 과부에게 주는 권면

25

26

본론 3부

교회 내의 문제들

고린도전서 7:1–15:58

7장

27 네가 아내에게 매였느냐 놓이기를 구하지 말며 아내에게서 놓였느냐
아내를 구하지 말라
28 그러나 장가 가도 죄 짓는 것이 아니요 처녀가 시집 가도 죄 짓는 것
이 아니로되 이런 이들은 육신에 고난이 있으리니 나는 너희를 아끼
노라
29 형제들아 내가 이 말을 하노니 그 때가 단축하여진 고로 이 후부터
아내 있는 자들은 없는 자 같이 하며
30 우는 자들은 울지 않는 자 같이 하며 기쁜 자들은 기쁘지 않은 자
같이 하며 매매하는 자들은 없는 자 같이 하며
31 세상 물건을 쓰는 자들은 다 쓰지 못하는 자 같이 하라 이 세상의
외형은 지나감이니라
32 너희가 염려 없기를 원하노라 장가 가지 않은 자는 주의 일을 염려하
여 어찌하여야 주를 기쁘시게 할까 하되
33 장가 간 자는 세상 일을 염려하여 어찌하여야 아내를 기쁘게 할까 하여
34 마음이 갈라지며 시집 가지 않은 자와 처녀는 주의 일을 염려하여 몸
과 영을 다 거룩하게 하려 하되 시집 간 자는 세상 일을 염려하여 어
찌하여야 남편을 기쁘게 할까 하느니라

27

28

29

30

31

32

33

34

본론 3부

교회 내의 문제들

고린도전서 7:1-15:58

7장

35 내가 이것을 말함은 너희의 유익을 위함이요 너희에게 올무를 놓으려
함이 아니니 오직 너희로 하여금 이치에 합당하게 하여 흐트러짐이
없이 주를 섬기게 하려 함이라
36 그러므로 만일 누가 자기의 약혼녀에 대한 행동이 합당하지 못한 줄
로 생각할 때에 그 약혼녀의 혼기도 지나고 그같이 할 필요가 있거든
원하는 대로 하라 그것은 죄 짓는 것이 아니니 그들로 결혼하게 하라
37 그러나 그가 마음을 정하고 또 부득이한 일도 없고 자기 뜻대로 할
권리가 있어서 그 약혼녀를 그대로 두기로 하여도 잘하는 것이니라
38 그러므로 결혼하는 자도 잘하거니와 결혼하지 아니하는 자는 더 잘
하는 것이니라
39 아내는 그 남편이 살아 있는 동안에 매여 있다가 남편이 죽으면 자유
로워 자기 뜻대로 시집 갈 것이나 주 안에서만 할 것이니라
40 그러나 내 뜻에는 그냥 지내는 것이 더욱 복이 있으리로다 나도 또한
하나님의 영을 받은 줄로 생각하노라

Verse Writing

35 I am saying this for your own good, not to restrict you, but that you may live in a right way in undivided devotion to the Lord.

35

36

37

38

39

40

묵상 • 기도

본론 3부

교회 내의 문제들

고린도전서 7:1–15:58

8장

우상에게 바친 제물

1 우상의 제물에 대하여는 우리가 다 지식이 있는 줄을 아나 지식은 교
만하게 하며 사랑은 덕을 세우나니
2 만일 누구든지 무엇을 아는 줄로 생각하면 아직도 마땅히 알 것을
알지 못하는 것이요
3 또 누구든지 하나님을 사랑하면 그 사람은 하나님도 알아 주시느니
라
4 그러므로 우상의 제물을 먹는 일에 대하여는 우리가 우상은 세상에
아무 것도 아니며 또한 하나님은 한 분밖에 없는 줄 아노라
5 비록 하늘에나 땅에나 신이라 불리는 자가 있어 많은 신과 많은 주가
있으나
6 그러나 우리에게는 한 하나님 곧 아버지가 계시니 만물이 그에게서
났고 우리도 그를 위하여 있고 또한 한 주 예수 그리스도께서 계시니
만물이 그로 말미암고 우리도 그로 말미암아 있느니라
7 그러나 이 지식은 모든 사람에게 있는 것은 아니므로 어떤 이들은 지
금까지 우상에 대한 습관이 있어 우상의 제물로 알고 먹는 고로 그
들의 양심이 약하여지고 더러워지느니라

우상에게 바친 제물

1

2

3

4

5

6

7

교회 내의 문제들

고린도전서 7:1–15:58

8장

8 음식은 우리를 하나님 앞에 내세우지 못하나니 우리가 먹지 않는다
고 해서 더 못사는 것도 아니고 먹는다고 해서 더 잘사는 것도 아니
니라
9 그런즉 너희의 자유가 믿음이 약한 자들에게 걸려 넘어지게 하는 것
이 되지 않도록 조심하라
10 지식 있는 네가 우상의 집에 앉아 먹는 것을 누구든지 보면 그 믿음
이 약한 자들의 양심이 담력을 얻어 우상의 제물을 먹게 되지 않겠느
냐
11 그러면 네 지식으로 그 믿음이 약한 자가 멸망하나니 그는 그리스도
께서 위하여 죽으신 형제라
12 이같이 너희가 형제에게 죄를 지어 그 약한 양심을 상하게 하는 것이
곧 그리스도에게 죄를 짓는 것이니라
13 그러므로 만일 음식이 내 형제를 실족하게 한다면 나는 영원히 고기
를 먹지 아니하여 내 형제를 실족하지 않게 하리라

참조

형제(11절)

: 우상에게 바쳐진 음식을 먹는다고 하여 구원이 흔들리거나 믿는 자의 거룩함이 흔들리는 것은 아니다. 다만 내가 우상에게 바친 음식을 먹는 것을 믿음 약한 형제가 본다면 그 형제가 시험을 받고 믿음이 흔들릴 수 있다. 그러므로 굳건한 믿음 가운데에 있는 사람은 믿음이 약한 형제를 위하여 매사에 배려하고 자제하는 삶을 살아야 한다.

Verse Writing

6 Yet for us there is but one God, the Father, from whom all things came and for
whom we live; and there is but one Lord, Jesus Christ, through whom all things
came and through whom we live.

8

9

10

11

12

13

묵상 • 기도

본론 3부

교회 내의 문제들

고린도전서 7:1–15:58

9장

사도의 권리

1 내가 자유인이 아니냐 사도가 아니냐 예수 우리 주를 보지 못하였느
냐 주 안에서 행한 나의 일이 너희가 아니냐
2 다른 사람들에게는 내가 사도가 아닐지라도 너희에게는 사도이니 나
의 사도 됨을 주 안에서 인친 것이 너희라
3 나를 비판하는 자들에게 변명할 것이 이것이니
4 우리가 먹고 마실 권리가 없겠느냐
5 우리가 다른 사도들과 주의 형제들과 게바와 같이 믿음의 자매 된 아
내를 데리고 다닐 권리가 없겠느냐
6 어찌 나와 바나바만 일하지 아니할 권리가 없겠느냐
7 누가 자기 비용으로 군 복무를 하겠느냐 누가 포도를 심고 그 열매를
먹지 않겠느냐 누가 양 떼를 기르고 그 양 떼의 젖을 먹지 않겠느냐
8 내가 사람의 예대로 이것을 말하느냐 율법도 이것을 말하지 아니하느
냐
9 모세의 율법에 곡식을 밟아 떠는 소에게 망을 씌우지 말라 기록하였
으니 하나님께서 어찌 소들을 위하여 염려하심이냐

참조

사도(1–2절)

: 사도는 기본적으로 직접 예수 그리스도의 공생애, 죽음, 그리고 부활을 경험한 이들을 의미한다. 그렇기에 바울의 경우 그리스도와의 직접적인 연관성이 없는 것으로 인해 사도권을 인정받지 못하는 경우가 많았다. 그러나 바울은 분명 다메섹으로 가는 길에서 예수를 만났고, 아나니아를 통해 자신의 사명을 확인 받았다. 이방인에게 복음을 전하기 위해 하나님께서 직접 위임하신 이방인의 사도인 것이다.

사도의 권리

1

2

3

4

5

6

7

8

9

9장

10 오로지 우리를 위하여 말씀하심이 아니냐 과연 우리를 위하여 기록
된 것이니 밭 가는 자는 소망을 가지고 갈며 곡식 떠는 자는 함께 얻
을 소망을 가지고 떠는 것이라
11 우리가 너희에게 신령한 것을 뿌렸은즉 너희의 육적인 것을 거두기로
과하다 하겠느냐
12 다른 이들도 너희에게 이런 권리를 가졌거든 하물며 우리일까보냐 그
러나 우리가 이 권리를 쓰지 아니하고 범사에 참는 것은 그리스도의
복음에 아무 장애가 없게 하려 함이로다
13 성전의 일을 하는 이들은 성전에서 나는 것을 먹으며 제단에서 섬기
는 이들은 제단과 함께 나누는 것을 너희가 알지 못하느냐
14 이와 같이 주께서도 복음 전하는 자들이 복음으로 말미암아 살리라
명하셨느니라
15 그러나 내가 이것을 하나도 쓰지 아니하였고 또 이 말을 쓰는 것은
내게 이같이 하여 달라는 것이 아니라 내가 차라리 죽을지언정 누구
든지 내 자랑하는 것을 헛된 데로 돌리지 못하게 하리라
16 내가 복음을 전할지라도 자랑할 것이 없음은 내가 부득불 할 일임이
라 만일 복음을 전하지 아니하면 내게 화가 있을 것이로다

10

11

12

13

14

15

16

본론 3부

교회 내의 문제들

고린도전서 7:1-15:58

9장

17 내가 내 자의로 이것을 행하면 상을 얻으려니와 내가 자의로 아니한
다 할지라도 나는 사명을 받았노라
18 그런즉 내 상이 무엇이냐 내가 복음을 전할 때에 값없이 전하고 복음
으로 말미암아 내게 있는 권리를 다 쓰지 아니하는 이것이로다
19 내가 모든 사람에게서 자유로우나 스스로 모든 사람에게 종이 된 것
은 더 많은 사람을 얻고자 함이라
20 유대인들에게 내가 유대인과 같이 된 것은 유대인들을 얻고자 함이
요 율법 아래에 있는 자들에게는 내가 율법 아래에 있지 아니하나 율
법 아래에 있는 자 같이 된 것은 율법 아래에 있는 자들을 얻고자 함
이요
21 율법 없는 자에게는 내가 하나님께는 율법 없는 자가 아니요 도리어
그리스도의 율법 아래에 있는 자이나 율법 없는 자와 같이 된 것은
율법 없는 자들을 얻고자 함이라
22 약한 자들에게 내가 약한 자와 같이 된 것은 약한 자들을 얻고자 함
이요 내가 여러 사람에게 여러 모습이 된 것은 아무쪼록 몇 사람이라
도 구원하고자 함이니
23 내가 복음을 위하여 모든 것을 행함은 복음에 참여하고자 함이라

17

18

19

20

21

22

23

9장

24 운동장에서 달음질하는 자들이 다 달릴지라도 오직 상을 받는 사람
은 한 사람인 줄을 너희가 알지 못하느냐 너희도 상을 받도록 이와
같이 달음질하라
25 이기기를 다투는 자마다 모든 일에 절제하나니 그들은 썩을 승리자
의 관을 얻고자 하되 우리는 썩지 아니할 것을 얻고자 하노라
26 그러므로 나는 달음질하기를 향방 없는 것 같이 아니하고 싸우기를
허공을 치는 것 같이 아니하며
27 내가 내 몸을 쳐 복종하게 함은 내가 남에게 전파한 후에 자신이 도
리어 버림을 당할까 두려워함이로다

Verse Writing

16 Yet when I preach the gospel, I cannot boast, for I am compelled to preach. Woe
to me if I do not preach the gospel!

24

25

26

27

묵상 • 기도

본론 3부

교회 내의 문제들

고린도전서 7:1-15:58

10장

우상숭배하는 일을 피하라

1 형제들아 나는 너희가 알지 못하기를 원하지 아니하노니 우리 조상들
이 다 구름 아래에 있고 바다 가운데로 지나며
2 모세에게 속하여 다 구름과 바다에서 침(세)례를 받고
3 다 같은 신령한 음식을 먹으며
4 다 같은 신령한 음료를 마셨으니 이는 그들을 따르는 신령한 반석으
로부터 마셨으매 그 반석은 곧 그리스도시라
5 그러나 그들의 다수를 하나님이 기뻐하지 아니하셨으므로 그들이 광
야에서 멸망을 받았느니라
6 이러한 일은 우리의 본보기가 되어 우리로 하여금 그들이 악을 즐겨
한 것 같이 즐겨 하는 자가 되지 않게 하려 함이니
7 그들 가운데 어떤 사람들과 같이 너희는 우상 숭배하는 자가 되지
말라 기록된 바 백성이 앉아서 먹고 마시며 일어나서 뛰논다 함과 같
으니라
8 그들 중의 어떤 사람들이 음행하다가 하루에 이만 삼천 명이 죽었나
니 우리는 그들과 같이 음행하지 말자

참조

신령한 음식과 음료

(3-4절)

: 이스라엘 사람들이 광야에서 공급 받았던 만나를 신령한 음식으로 말했다. 또한 반석에서 솟아난 물을 신령한 음료로 표현했다. 특히 반석에서 솟아난 물을 말하면서 반석이 그리스도를 의미함을 밝힌다.

우상숭배하는 일을 피하라

1

2

3

4

5

6

7

8

본론 3부

교회 내의 문제들

고린도전서 7:1–15:58

10장

9 그들 가운데 어떤 사람들이 주를 시험하다가 뱀에게 멸망하였나니
우리는 그들과 같이 시험하지 말자

10 그들 가운데 어떤 사람들이 원망하다가 멸망시키는 자에게 멸망하였
나니 너희는 그들과 같이 원망하지 말라

11 그들에게 일어난 이런 일은 본보기가 되고 또한 말세를 만난 우리를
깨우치기 위하여 기록되었느니라

12 그런즉 선 줄로 생각하는 자는 넘어질까 조심하라

13 사람이 감당할 시험 밖에는 너희가 당한 것이 없나니 오직 하나님은
미쁘사 너희가 감당하지 못할 시험 당함을 허락하지 아니하시고 시
험 당할 즈음에 또한 피할 길을 내사 너희로 능히 감당하게 하시느니라

14 그런즉 내 사랑하는 자들아 우상 숭배하는 일을 피하라

15 나는 지혜 있는 자들에게 말함과 같이 하노니 너희는 내가 이르는 말
을 스스로 판단하라

16 우리가 축복하는 바 축복의 잔은 그리스도의 피에 참여함이 아니며
우리가 떼는 떡은 그리스도의 몸에 참여함이 아니냐

17 떡이 하나요 많은 우리가 한 몸이니 이는 우리가 다 한 떡에 참여함
이라

9

10

11

12

13

14

15

16

17

본론 3부

교회 내의 문제들

고린도전서 7:1-15:58

10장

18 육신을 따라 난 이스라엘을 보라 제물을 먹는 자들이 제단에 참여하
는 자들이 아니냐

19 그런즉 내가 무엇을 말하느냐 우상의 제물은 무엇이며 우상은 무엇이냐

20 무릇 이방인이 제사하는 것은 귀신에게 하는 것이요 하나님께 제사
하는 것이 아니니 나는 너희가 귀신과 교제하는 자가 되기를 원하지
아니하노라

21 너희가 주의 잔과 귀신의 잔을 겸하여 마시지 못하고 주의 식탁과 귀
신의 식탁에 겸하여 참여하지 못하리라

22 그러면 우리가 주를 노여워하시게 하겠느냐 우리가 주보다 강한 자냐
다 하나님의 영광을 위하여 하라

23 모든 것이 가하나 모든 것이 유익한 것은 아니요 모든 것이 가하나
모든 것이 덕을 세우는 것은 아니니

24 누구든지 자기의 유익을 구하지 말고 남의 유익을 구하라

25 무릇 시장에서 파는 것은 양심을 위하여 묻지 말고 먹으라

26 이는 땅과 거기 충만한 것이 주의 것임이라

18

19

20

21

22

23

24

25

26

교회 내의 문제들

고린도전서 7:1-15:58

10장

27 불신자 중 누가 너희를 청할 때에 너희가 가고자 하거든 너희 앞에
차려 놓은 것은 무엇이든지 양심을 위하여 묻지 말고 먹으라
28 누가 너희에게 이것이 제물이라 말하거든 알게 한 자와 그 양심을 위
하여 먹지 말라
29 내가 말한 양심은 너희의 것이 아니요 남의 것이니 어찌하여 내 자유
가 남의 양심으로 말미암아 판단을 받으리요
30 만일 내가 감사함으로 참여하면 어찌하여 내가 감사하는 것에 대하
여 비방을 받으리요
31 그런즉 너희가 먹든지 마시든지 무엇을 하든지 다 하나님의 영광을
위하여 하라
32 유대인에게나 헬라인에게나 하나님의 교회에나 거치는 자가 되지 말
고
33 나와 같이 모든 일에 모든 사람을 기쁘게 하여 자신의 유익을 구하지
아니하고 많은 사람의 유익을 구하여 그들로 구원을 받게 하라

Verse Writing

31 So whether you eat or drink or whatever you do, do it all for the glory of God.

27

28

29

30

31

32

33

묵상 • 기도

본론 3부

교회 내의 문제들

고린도전서 7:1–15:58

11장

1 내가 그리스도를 본받는 자가 된 것 같이 너희는 나를 본받는 자가
되라

여자가 머리를 가리는 것

2 너희가 모든 일에 나를 기억하고 또 내가 너희에게 전하여 준 대로 그
전통을 너희가 지키므로 너희를 칭찬하노라
3 그러나 나는 너희가 알기를 원하노니 각 남자의 머리는 그리스도요
여자의 머리는 남자요 그리스도의 머리는 하나님이시라
4 무릇 남자로서 머리에 무엇을 쓰고 기도나 예언을 하는 자는 그 머리
를 욕되게 하는 것이요
5 무릇 여자로서 머리에 쓴 것을 벗고 기도나 예언을 하는 자는 그 머
리를 욕되게 하는 것이니 이는 머리를 민 것과 다름이 없음이라
6 만일 여자가 머리를 가리지 않거든 깎을 것이요 만일 깎거나 미는 것
이 여자에게 부끄러움이 되거든 가릴지니라
7 남자는 하나님의 형상과 영광이니 그 머리를 마땅히 가리지 않거니
와 여자는 남자의 영광이니라
8 남자가 여자에게서 난 것이 아니요 여자가 남자에게서 났으며
9 또 남자가 여자를 위하여 지음을 받지 아니하고 여자가 남자를 위하
여 지음을 받은 것이니

1

여자가 머리를 가리는 것

2

3

4

5

6

7

8

9

11장

10 그러므로 여자는 천사들로 말미암아 권세 아래에 있는 표를 그 머리 위에 둘지니라

11 그러나 주 안에는 남자 없이 여자만 있지 않고 여자 없이 남자만 있지 아니하니라

12 이는 여자가 남자에게서 난 것 같이 남자도 여자로 말미암아 났음이라 그리고 모든 것은 하나님에게서 났느니라

13 너희는 스스로 판단하라 여자가 머리를 가리지 않고 하나님께 기도하는 것이 마땅하냐

14 만일 남자에게 긴 머리가 있으면 자기에게 부끄러움이 되는 것을 본성이 너희에게 가르치지 아니하느냐

15 만일 여자가 긴 머리가 있으면 자기에게 영광이 되나니 긴 머리는 가리는 것을 대신하여 주셨기 때문이니라

16 논쟁하려는 생각을 가진 자가 있을지라도 우리에게나 하나님의 모든 교회에는 이런 관례가 없느니라

17 내가 명하는 이 일에 너희를 칭찬하지 아니하나니 이는 너희의 모임이 유익이 못되고 도리어 해로움이라

성만찬의 제정

18 먼저 너희가 교회에 모일 때에 너희 중에 분쟁이 있다 함을 듣고 어느 정도 믿거니와

10

11

12

13

14

15

16

17

성만찬의 제정

18

본론 3부

교회 내의 문제들

고린도전서 7:1-15:58

11장

19 너희 중에 파당이 있어야 너희 중에 옳다 인정함을 받은 자들이 나타
나게 되리라
20 그런즉 너희가 함께 모여서 주의 만찬을 먹을 수 없으니
21 이는 먹을 때에 각각 자기의 만찬을 먼저 갖다 먹으므로 어떤 사람은
시장하고 어떤 사람은 취함이라
22 너희가 먹고 마실 집이 없느냐 너희가 하나님의 교회를 업신여기고
빈궁한 자들을 부끄럽게 하느냐 내가 너희에게 무슨 말을 하랴 너희
를 칭찬하랴 이것으로 칭찬하지 않노라
23 내가 너희에게 전한 것은 주께 받은 것이니 곧 주 예수께서 잡히시던
밤에 떡을 가지사
24 축사하시고 떼어 이르시되 이것은 너희를 위하는 내 몸이니 이것을
행하여 나를 기념하라 하시고
25 식후에 또한 그와 같이 잔을 가지시고 이르시되 이 잔은 내 피로 세
운 새 언약이니 이것을 행하여 마실 때마다 나를 기념하라 하셨으니
26 너희가 이 떡을 먹으며 이 잔을 마실 때마다 주의 죽으심을 그가 오
실 때까지 전하는 것이니라
27 그러므로 누구든지 주의 떡이나 잔을 합당하지 않게 먹고 마시는 자
는 주의 몸과 피에 대하여 죄를 짓는 것이니라

참조

주의 만찬(24-25절)

: 그리스도의 고난의 의미를 되새기는 주의 만찬의 의미에 대해 설명한다. 떡은 그리스도의 몸을 상징하며 포도주는 그리스도의 피로 세우는 새 언약을 의미한다. 그리스도인은 정기적으로 주의 만찬을 행함을 통해 그리스도의 죽으심과 부활을 묵상하고 그 은혜에 감사하는 삶을 살아야 한다.

19

20

21

22

23

24

25

26

27

본론 3부

교회 내의 문제들

고린도전서 7:1-15:58

11장

28 사람이 자기를 살피고 그 후에야 이 떡을 먹고 이 잔을 마실지니
29 주의 몸을 분별하지 못하고 먹고 마시는 자는 자기의 죄를 먹고 마시
는 것이니라
30 그러므로 너희 중에 약한 자와 병든 자가 많고 잠자는 자도 적지 아
니하니
31 우리가 우리를 살폈으면 판단을 받지 아니하려니와
32 우리가 판단을 받는 것은 주께 징계를 받는 것이니 이는 우리로 세상
과 함께 정죄함을 받지 않게 하려 하심이라
33 그런즉 내 형제들아 먹으러 모일 때에 서로 기다리라
34 만일 누구든지 시장하거든 집에서 먹을지니 이는 너희의 모임이 판단
받는 모임이 되지 않게 하려 함이라 그밖의 일들은 내가 언제든지 갈
때에 바로잡으리라

Verse Writing

27 Therefore, whoever eats the bread or drinks the cup of the Lord in an unworthy manner will be guilty of sinning against the body and blood of the Lord.

28

29

30

31

32

33

34

묵상 • 기도

본론 3부

교회 내의 문제들

고린도전서 7:1-15:58

12장

성령의 은사

1 형제들아 신령한 것에 대하여 나는 너희가 알지 못하기를 원하지 아
니하노니
2 너희도 알거니와 너희가 이방인으로 있을 때에 말 못하는 우상에게
로 끄는 그대로 끌려 갔느니라
3 그러므로 내가 너희에게 알리노니 하나님의 영으로 말하는 자는 누
구든지 예수를 저주할 자라 하지 아니하고 또 성령으로 아니하고는
누구든지 예수를 주시라 할 수 없느니라
4 은사는 여러 가지나 성령은 같고
5 직분은 여러 가지나 주는 같으며
6 또 사역은 여러 가지나 모든 것을 모든 사람 가운데서 이루시는 하나
님은 같으니
7 각 사람에게 성령을 나타내심은 유익하게 하려 하심이라
8 어떤 사람에게는 성령으로 말미암아 지혜의 말씀을, 어떤 사람에게
는 같은 성령을 따라 지식의 말씀을,
9 다른 사람에게는 같은 성령으로 믿음을, 어떤 사람에게는 한 성령으
로 병 고치는 은사를,

성령의 은사

1

2

3

4

5

6

7

8

9

본론 3부

교회 내의 문제들

고린도전서 7:1-15:58

12장

10 어떤 사람에게는 능력 행함을, 어떤 사람에게는 예언함을, 어떤 사람
에게는 영들 분별함을, 다른 사람에게는 각종 방언 말함을, 어떤 사
람에게는 방언들 통역함을 주시나니
11 이 모든 일은 같은 한 성령이 행하사 그의 뜻대로 각 사람에게 나누
어 주시는 것이니라

하나의 몸과 많은 지체

12 몸은 하나인데 많은 지체가 있고 몸의 지체가 많으나 한 몸임과 같이
그리스도도 그러하니라
13 우리가 유대인이나 헬라인이나 종이나 자유인이나 다 한 성령으로 침
(세)례를 받아 한 몸이 되었고 또 다 한 성령을 마시게 하셨느니라
14 몸은 한 지체뿐만 아니요 여럿이니
15 만일 발이 이르되 나는 손이 아니니 몸에 붙지 아니하였다 할지라도
이로써 몸에 붙지 아니한 것이 아니요
16 또 귀가 이르되 나는 눈이 아니니 몸에 붙지 아니하였다 할지라도 이
로써 몸에 붙지 아니한 것이 아니니

10

11

하나의 몸과 많은 지체

12

13

14

15

16

본론 3부

교회 내의 문제들

고린도전서 7:1–15:58

12장

17 만일 온 몸이 눈이면 듣는 곳은 어디며 온 몸이 듣는 곳이면 냄새 맡
는 곳은 어디냐
18 그러나 이제 하나님이 그 원하시는 대로 지체를 각각 몸에 두셨으니
19 만일 다 한 지체뿐이면 몸은 어디냐
20 이제 지체는 많으나 몸은 하나라
21 눈이 손더러 내가 너를 쓸 데가 없다 하거나 또한 머리가 발더러 내가
너를 쓸 데가 없다 하지 못하리라
22 그뿐 아니라 더 약하게 보이는 몸의 지체가 도리어 요긴하고
23 우리가 몸의 덜 귀히 여기는 그것들을 더욱 귀한 것들로 입혀 주며
우리의 아름답지 못한 지체는 더욱 아름다운 것을 얻느니라 그런즉
24 우리의 아름다운 지체는 그럴 필요가 없느니라 오직 하나님이 몸을
고르게 하여 부족한 지체에게 귀중함을 더하사
25 몸 가운데서 분쟁이 없고 오직 여러 지체가 서로 같이 돌보게 하셨느
니라
26 만일 한 지체가 고통을 받으면 모든 지체가 함께 고통을 받고 한 지
체가 영광을 얻으면 모든 지체가 함께 즐거워하느니라

17

18

19

20

21

22

23

24

25

26

본론 3부

교회 내의 문제들

고린도전서 7:1-15:58

12장

27 너희는 그리스도의 몸이요 지체의 각 부분이라
28 하나님이 교회 중에 몇을 세우셨으니 첫째는 사도요 둘째는 선지자
요 셋째는 교사요 그 다음은 능력을 행하는 자요 그 다음은 병 고치
는 은사와 서로 돕는 것과 다스리는 것과 각종 방언을 말하는 것이
라
29 다 사도이겠느냐 다 선지자이겠느냐 다 교사이겠느냐 다 능력을 행하
는 자이겠느냐
30 다 병 고치는 은사를 가진 자이겠느냐 다 방언을 말하는 자이겠느냐
다 통역하는 자이겠느냐
31 너희는 더욱 큰 은사를 사모하라 내가 또한 가장 좋은 길을 너희에게
보이리라

Verse Writing

28 And in the church God has appointed first of all apostles, second prophets, third teachers, then workers of miracles, also those having gifts of healing, those able to help others, those with gifts of administration, and those speaking in different kinds of tongues.

참조

몸과 지체(27절)

: 바울은 교회와 은사를 몸과 지체에 비유한다. 몸과 지체는 머리의 명령을 따른다. 교회는 머리이신 그리스도의 몸으로써 그 분의 명령을 따르며 서로를 섬김으로 세워지는 사랑의 공동체이다.

27

28

29

30

31

묵상 • 기도

본론 3부

교회 내의 문제들

고린도전서 7:1-15:58

13장

사랑

1 내가 사람의 방언과 천사의 말을 할지라도 사랑이 없으면 소리 나는
구리와 울리는 꽹과리가 되고
2 내가 예언하는 능력이 있어 모든 비밀과 모든 지식을 알고 또 산을
옮길 만한 모든 믿음이 있을지라도 사랑이 없으면 내가 아무 것도 아
니요
3 내가 내게 있는 모든 것으로 구제하고 또 내 몸을 불사르게 내줄지라
도 사랑이 없으면 내게 아무 유익이 없느니라
4 사랑은 오래 참고 사랑은 온유하며 시기하지 아니하며 사랑은 자랑
하지 아니하며 교만하지 아니하며
5 무례히 행하지 아니하며 자기의 유익을 구하지 아니하며 성내지 아니
하며 악한 것을 생각하지 아니하며
6 불의를 기뻐하지 아니하며 진리와 함께 기뻐하고
7 모든 것을 참으며 모든 것을 믿으며 모든 것을 바라며 모든 것을 견
디느니라
8 사랑은 언제까지나 떨어지지 아니하되 예언도 폐하고 방언도 그치고
지식도 폐하리라
9 우리는 부분적으로 알고 부분적으로 예언하니
10 온전한 것이 올 때에는 부분적으로 하던 것이 폐하리라

참조

사랑

: 사랑은 교회와 성도 됨의 기본 원리이다. 교회에서 사랑이 빠지면 일반 친목모임만도 못한 조직이 된다. 특히 바울은 사랑을 모든 은사들을 아우르는 기본원리로 제시하고 있다.

사랑

1

2

3

4

5

6

7

8

9

10

본론 3부

교회 내의 문제들

고린도전서 7:1–15:58

13장

11 내가 어렸을 때에는 말하는 것이 어린 아이와 같고 깨닫는 것이 어린
아이와 같고 생각하는 것이 어린 아이와 같다가 장성한 사람이 되어
서는 어린 아이의 일을 버렸노라
12 우리가 지금은 거울로 보는 것 같이 희미하나 그 때에는 얼굴과 얼굴
을 대하여 볼 것이요 지금은 내가 부분적으로 아나 그 때에는 주께
서 나를 아신 것 같이 내가 온전히 알리라
13 그런즉 믿음, 소망, 사랑, 이 세 가지는 항상 있을 것인데 그 중의 제
일은 사랑이라

Verse Writing

4 Love is patient, love is kind. It does not envy, it does not boast, it is not proud.

....

....

11

12

13

묵상 • 기도

본론 3부

교회 내의 문제들

고린도전서 7:1-15:58

14장

방언과 예언

1 사랑을 추구하며 신령한 것들을 사모하되 특별히 예언을 하려고 하
라
2 방언을 말하는 자는 사람에게 하지 아니하고 하나님께 하나니 이는
알아 듣는 자가 없고 영으로 비밀을 말함이라
3 그러나 예언하는 자는 사람에게 말하여 덕을 세우며 권면하며 위로
하는 것이요
4 방언을 말하는 자는 자기의 덕을 세우고 예언하는 자는 교회의 덕을
세우나니
5 나는 너희가 다 방언 말하기를 원하나 특별히 예언하기를 원하노라
만일 방언을 말하는 자가 통역하여 교회의 덕을 세우지 아니하면 예
언하는 자만 못하니라
6 그런즉 형제들아 내가 너희에게 나아가서 방언으로 말하고 계시나 지
식이나 예언이나 가르치는 것으로 말하지 아니하면 너희에게 무엇이
유익하리요
7 혹 피리나 거문고와 같이 생명 없는 것이 소리를 낼 때에 그 음의 분
별을 나타내지 아니하면 피리 부는 것인지 거문고 타는 것인지 어찌
알게 되리요
8 만일 나팔이 분명하지 못한 소리를 내면 누가 전투를 준비하리요

방언과 예언

1

2

3

4

5

6

7

8

본론 3부

교회 내의 문제들

고린도전서 7:1-15:58

14장

9 이와 같이 너희도 혀로써 알아 듣기 쉬운 말을 하지 아니하면 그 말
하는 것을 어찌 알리요 이는 허공에다 말하는 것이라
10 이같이 세상에 소리의 종류가 많으나 뜻 없는 소리는 없나니

11 그러므로 내가 그 소리의 뜻을 알지 못하면 내가 말하는 자에게 외
국인이 되고 말하는 자도 내게 외국인이 되리니
12 그러므로 너희도 영적인 것을 사모하는 자인즉 교회의 덕을 세우기
위하여 그것이 풍성하기를 구하라
13 그러므로 방언을 말하는 자는 통역하기를 기도할지니
14 내가 만일 방언으로 기도하면 나의 영이 기도하거니와 나의 마음은
열매를 맺지 못하리라
15 그러면 어떻게 할까 내가 영으로 기도하고 또 마음으로 기도하며 내
가 영으로 찬송하고 또 마음으로 찬송하리라
16 그렇지 아니하면 네가 영으로 축복할 때에 알지 못하는 처지에 있는
자가 네가 무슨 말을 하는지 알지 못하고 네 감사에 어찌 아멘 하리요
17 너는 감사를 잘하였으나 그러나 다른 사람은 덕 세움을 받지 못하리라
18 내가 너희 모든 사람보다 방언을 더 말하므로 하나님께 감사하노라

9

10

11

12

13

14

15

16

17

18

본론 3부

교회 내의 문제들

고린도전서 7:1–15:58

14장

19 그러나 교회에서 네가 남을 가르치기 위하여 깨달은 마음으로 다섯
마디 말을 하는 것이 일만 마디 방언으로 말하는 것보다 나으니라
20 형제들아 지혜에는 아이가 되지 말고 악에는 어린 아이가 되라 지혜
에는 장성한 사람이 되라
21 율법에 기록된 바 주께서 이르시되 내가 다른 방언을 말하는 자와
다른 입술로 이 백성에게 말할지라도 그들이 여전히 듣지 아니하리라
하였으니
22 그러므로 방언은 믿는 자들을 위하지 아니하고 믿지 아니하는 자들
을 위하는 표적이나 예언은 믿지 아니하는 자들을 위하지 않고 믿는
자들을 위함이니라
23 그러므로 온 교회가 함께 모여 다 방언으로 말하면 알지 못하는 자
들이나 믿지 아니하는 자들이 들어와서 너희를 미쳤다 하지 아니하
겠느냐
24 그러나 다 예언을 하면 믿지 아니하는 자들이나 알지 못하는 자들이
들어와서 모든 사람에게 책망을 들으며 모든 사람에게 판단을 받고
25 그 마음의 숨은 일들이 드러나게 되므로 엎드리어 하나님께 경배하며
하나님이 참으로 너희 가운데 계신다 전파하리라
차례를 따라 하라

19

20

21

22

23

24

25

본론 3부

교회 내의 문제들

고린도전서 7:1-15:58

14장

차례를 따라 하라

26 그런즉 형제들아 어찌할까 너희가 모일 때에 각각 찬송시도 있으며
가르치는 말씀도 있으며 계시도 있으며 방언도 있으며 통역함도 있나
니 모든 것을 덕을 세우기 위하여 하라
27 만일 누가 방언으로 말하거든 두 사람이나 많아야 세 사람이 차례를
따라 하고 한 사람이 통역할 것이요
28 만일 통역하는 자가 없으면 교회에서는 잠잠하고 자기와 하나님께 말
할 것이요
29 예언하는 자는 둘이나 셋이나 말하고 다른 이들은 분별할 것이요
30 만일 곁에 앉아 있는 다른 이에게 계시가 있으면 먼저 하던 자는 잠
잠할지니라
31 너희는 다 모든 사람으로 배우게 하고 모든 사람으로 권면을 받게 하
기 위하여 하나씩 하나씩 예언할 수 있느니라
32 예언하는 자들의 영은 예언하는 자들에게 제재를 받나니
33 하나님은 무질서의 하나님이 아니시요 오직 화평의 하나님이시니라
모든 성도가 교회에서 함과 같이

참조

덕을 세우기(26절)

: 은사의 목적은 교회의 덕을 세우는 데에 있다. 고린도 교인들은 자신의 은사를 과시하는 용으로 잘못 사용했다. 그래서 교회를 혼란스럽게 했다. 그러나 본래 은사의 목적은 질서에 따라 교회를 굳게 세우고 덕을 펼치는 데에 있다.

차례를 따라 하라

26

27

28

29

30

31

32

33

14장

34 여자는 교회에서 잠잠하라 그들에게는 말하는 것을 허락함이 없나
니 율법에 이른 것 같이 오직 복종할 것이요
35 만일 무엇을 배우려거든 집에서 자기 남편에게 물을지니 여자가 교회
에서 말하는 것은 부끄러운 것이라
36 하나님의 말씀이 너희로부터 난 것이냐 또는 너희에게만 임한 것이냐
37 만일 누구든지 자기를 선지자나 혹은 신령한 자로 생각하거든 내가
너희에게 편지하는 이 글이 주의 명령인 줄 알라
38 만일 누구든지 알지 못하면 그는 알지 못한 자니라
39 그런즉 내 형제들아 예언하기를 사모하며 방언 말하기를 금하지 말라
40 모든 것을 품위 있게 하고 질서 있게 하라

Verse Writing

26 What then shall we say, brothers? When you come together, everyone has a hymn,
or a word of instruction, a revelation, a tongue or an interpretation. All of these
must be done for the strengthening of the church.

34

35

36

37

38

39

40

묵상 • 기도

본론 3부

교회 내의 문제들

고린도전서 7:1–15:58

15장

그리스도의 부활

1 형제들아 내가 너희에게 전한 복음을 너희에게 알게 하노니 이는 너
희가 받은 것이요 또 그 가운데 선 것이라
2 너희가 만일 내가 전한 그 말을 굳게 지키고 헛되이 믿지 아니하였으
면 그로 말미암아 구원을 받으리라
3 내가 받은 것을 먼저 너희에게 전하였노니 이는 성경대로 그리스도께
서 우리 죄를 위하여 죽으시고
4 장사 지낸 바 되셨다가 성경대로 사흘 만에 다시 살아나사
5 게바에게 보이시고 후에 열두 제자에게와
6 그 후에 오백여 형제에게 일시에 보이셨나니 그 중에 지금까지 대다
수는 살아 있고 어떤 사람은 잠들었으며
7 그 후에 야고보에게 보이셨으며 그 후에 모든 사도에게와
8 맨 나중에 만삭되지 못하여 난 자 같은 내게도 보이셨느니라
9 나는 사도 중에 가장 작은 자라 나는 하나님의 교회를 박해하였으므
로 사도라 칭함 받기를 감당하지 못할 자니라
10 그러나 내가 나 된 것은 하나님의 은혜로 된 것이니 내게 주신 그의
은혜가 헛되지 아니하여 내가 모든 사도보다 더 많이 수고하였으나
내가 한 것이 아니요 오직 나와 함께 하신 하나님의 은혜로라

그리스도의 부활

1

2

3

4

5

6

7

8

9

10

15장

11 그러므로 나나 그들이나 이같이 전파하매 너희도 이같이 믿었느니라

죽은 사람의 부활

12 그리스도께서 죽은 자 가운데서 다시 살아나셨다 전파되었거늘 너희
중에서 어떤 사람들은 어찌하여 죽은 자 가운데서 부활이 없다 하느냐
13 만일 죽은 자의 부활이 없으면 그리스도도 다시 살아나지 못하셨으
리라
14 그리스도께서 만일 다시 살아나지 못하셨으면 우리가 전파하는 것도
헛것이요 또 너희 믿음도 헛것이며
15 또 우리가 하나님의 거짓 증인으로 발견되리니 우리가 하나님이 그리
스도를 다시 살리셨다고 증언하였음이라 만일 죽은 자가 다시 살아
나는 일이 없으면 하나님이 그리스도를 다시 살리지 아니하셨으리라
16 만일 죽은 자가 다시 살아나는 일이 없으면 그리스도도 다시 살아나
신 일이 없었을 터이요
17 그리스도께서 다시 살아나신 일이 없으면 너희의 믿음도 헛되고 너희
가 여전히 죄 가운데 있을 것이요
18 또한 그리스도 안에서 잠자는 자도 망하였으리니

참조

부활(12절)

: 고린도 교회에서는 부활에 대한 논쟁이 있었다. 계중에는 죽은 사람의 부활은 불가능하다고 주장하는 사람들도 있었다. 이에 대해 바울은 그리스도의 부활이 없다면 그리스도인들이야말로 가장 불쌍하고 미련한 사람들이 된다고 주장하며 강력히 그리스도의 부활의 당위성을 역설한다.

11

죽은 사람의 부활

12

13

14

15

16

17

18

본론 3부

교회 내의 문제들

고린도전서 7:1-15:58

15장

19 만일 그리스도 안에서 우리가 바라는 것이 다만 이 세상의 삶뿐이면
모든 사람 가운데 우리가 더욱 불쌍한 자이리라
20 그러나 이제 그리스도께서 죽은 자 가운데서 다시 살아나사 잠자는
자들의 첫 열매가 되셨도다
21 사망이 한 사람으로 말미암았으니 죽은 자의 부활도 한 사람으로 말
미암는도다
22 아담 안에서 모든 사람이 죽은 것 같이 그리스도 안에서 모든 사람
이 삶을 얻으리라
23 그러나 각각 자기 차례대로 되리니 먼저는 첫 열매인 그리스도요 다
음에는 그가 강림하실 때에 그리스도에게 속한 자요
24 그 후에는 마지막이니 그가 모든 통치와 모든 권세와 능력을 멸하시
고 나라를 아버지 하나님께 바칠 때라
25 그가 모든 원수를 그 발 아래에 둘 때까지 반드시 왕 노릇 하시리니
26 맨 나중에 멸망 받을 원수는 사망이니라
27 만물을 그의 발 아래에 두셨다 하셨으니 만물을 아래에 둔다 말씀
하실 때에 만물을 그의 아래에 두신 이가 그 중에 들지 아니한 것이
분명하도다

19

20

21

22

23

24

25

26

27

본론 3부

교회 내의 문제들

고린도전서 7:1–15:58

15장

28 만물을 그에게 복종하게 하실 때에는 아들 자신도 그 때에 만물을
자기에게 복종하게 하신 이에게 복종하게 되리니 이는 하나님이 만유
의 주로서 만유 안에 계시려 하심이라
29 만일 죽은 자들이 도무지 다시 살아나지 못하면 죽은 자들을 위하
여 침(세)례를 받는 자들이 무엇을 하겠느냐 어찌하여 그들을 위하여
침(세)례를 받느냐
30 또 어찌하여 우리가 언제나 위험을 무릅쓰리요
31 형제들아 내가 그리스도 예수 우리 주 안에서 가진 바 너희에 대한
나의 자랑을 두고 단언하노니 나는 날마다 죽노라
32 내가 사람의 방법으로 에베소에서 맹수와 더불어 싸웠다면 내게 무
슨 유익이 있으리요 죽은 자가 다시 살아나지 못한다면 내일 죽을 터
이니 먹고 마시자 하리라
33 속지 말라 악한 동무들은 선한 행실을 더럽히나니
34 깨어 의를 행하고 죄를 짓지 말라 하나님을 알지 못하는 자가 있기로
내가 너희를 부끄럽게 하기 위하여 말하노라

몸의 부활

35 누가 묻기를 죽은 자들이 어떻게 다시 살아나며 어떠한 몸으로 오느
냐 하리니

28

29

30

31

32

33

34

몸의 부활

35

15장

36 어리석은 자여 네가 뿌리는 씨가 죽지 않으면 살아나지 못하겠고
37 또 네가 뿌리는 것은 장래의 형체를 뿌리는 것이 아니요 다만 밀이나
다른 것의 알맹이 뿐이로되
38 하나님이 그 뜻대로 그에게 형체를 주시되 각 종자에게 그 형체를 주
시느니라
39 육체는 다 같은 육체가 아니니 하나는 사람의 육체요 하나는 짐승의
육체요 하나는 새의 육체요 하나는 물고기의 육체라
40 하늘에 속한 형체도 있고 땅에 속한 형체도 있으나 하늘에 속한 것
의 영광이 따로 있고 땅에 속한 것의 영광이 따로 있으니
41 해의 영광이 다르고 달의 영광이 다르며 별의 영광도 다른데 별과 별
의 영광이 다르도다
42 죽은 자의 부활도 그와 같으니 썩을 것으로 심고 썩지 아니할 것으로
다시 살아나며
43 욕된 것으로 심고 영광스러운 것으로 다시 살아나며 약한 것으로 심
고 강한 것으로 다시 살아나며
44 육의 몸으로 심고 신령한 몸으로 다시 살아나나니 육의 몸이 있은즉
또 영의 몸도 있느니라
45 기록된 바 첫 사람 아담은 생령이 되었다 함과 같이 마지막 아담은
살려 주는 영이 되었나니

36

37

38

39

40

41

42

43

44

45

본론 3부

교회 내의 문제들

고린도전서 7:1–15:58

15장

46 그러나 먼저는 신령한 사람이 아니요 육의 사람이요 그 다음에 신령
한 사람이니라
47 첫 사람은 땅에서 났으니 흙에 속한 자이거니와 둘째 사람은 하늘에
서 나셨느니라
48 무릇 흙에 속한 자들은 저 흙에 속한 자와 같고 무릇 하늘에 속한
자들은 저 하늘에 속한 이와 같으니
49 우리가 흙에 속한 자의 형상을 입은 것 같이 또한 하늘에 속한 이의
형상을 입으리라
50 형제들아 내가 이것을 말하노니 혈과 육은 하나님 나라를 이어 받을
수 없고 또한 썩는 것은 썩지 아니하는 것을 유업으로 받지 못하느니
라
51 보라 내가 너희에게 비밀을 말하노니 우리가 다 잠 잘 것이 아니요 마
지막 나팔에 순식간에 홀연히 다 변화되리니
52 나팔 소리가 나매 죽은 자들이 썩지 아니할 것으로 다시 살아나고
우리도 변화되리라
53 이 썩을 것이 반드시 썩지 아니할 것을 입겠고 이 죽을 것이 죽지 아
니함을 입으리로다
54 이 썩을 것이 썩지 아니함을 입고 이 죽을 것이 죽지 아니함을 입을
때에는 사망을 삼키고 이기리라고 기록된 말씀이 이루어지리라

46

47

48

49

50

51

52

53

54

본론 3부

교회 내의 문제들

고린도전서 7:1–15:58

15장

55 사망아 너의 승리가 어디 있느냐 사망아 네가 쏘는 것이 어디 있느냐
56 사망이 쏘는 것은 죄요 죄의 권능은 율법이라
57 우리 주 예수 그리스도로 말미암아 우리에게 승리를 주시는 하나님
께 감사하노니
58 그러므로 내 사랑하는 형제들아 견실하며 흔들리지 말고 항상 주의
일에 더욱 힘쓰는 자들이 되라 이는 너희 수고가 주 안에서 헛되지
않은 줄 앎이라

Verse Writing

20 But Christ has indeed been raised from the dead, the firstfruits of those who have
fallen asleep.

55

56

57

58

묵상 • 기도

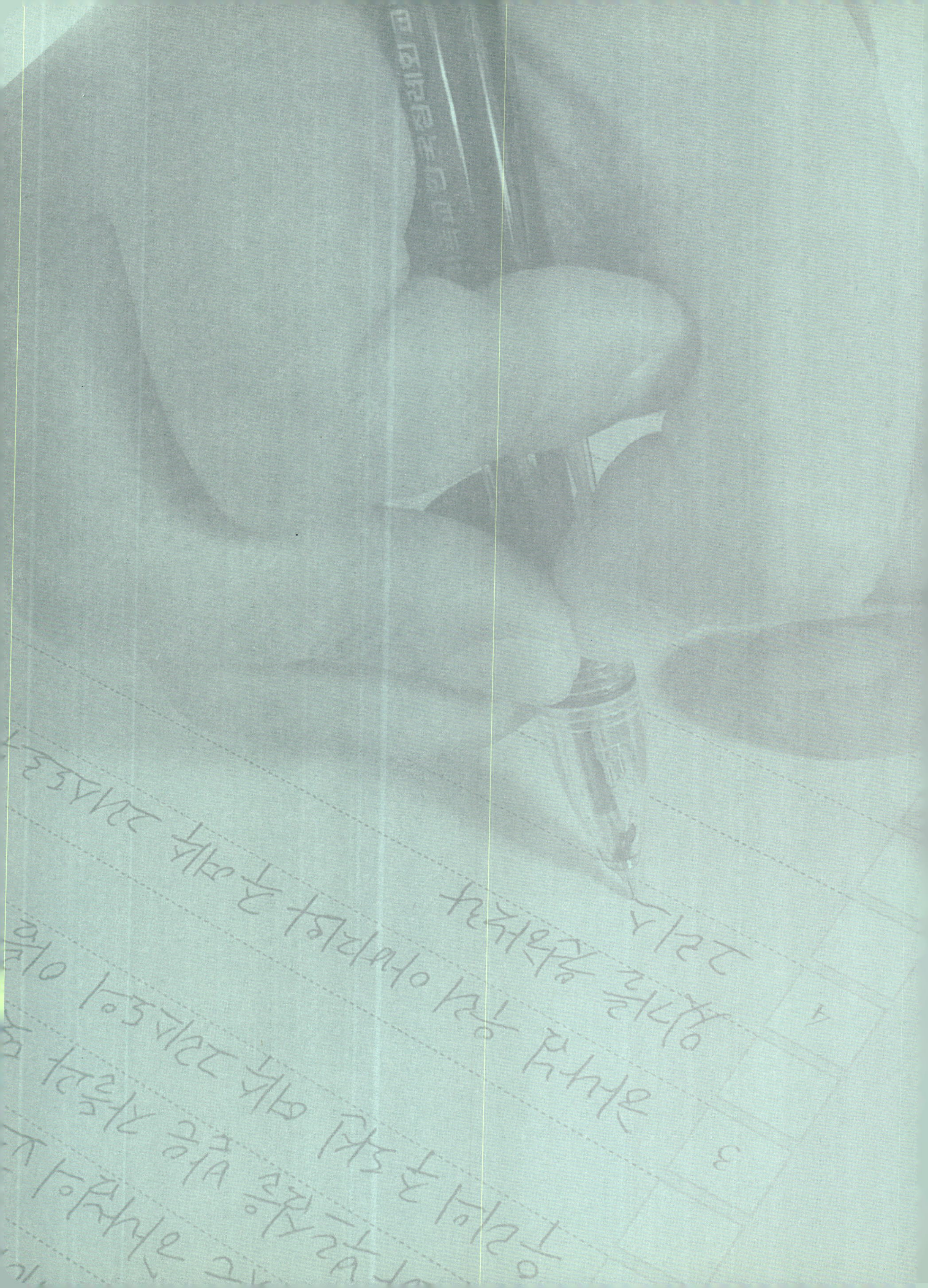

고린도전서

결론

권면과 끝인사

고린도후서 16:1-24

손끝에서 피어나는
사랑의 권고

고린도전후서

따라쓰기

결론

권면과 끝인사

고린도전서 16:1-24

16장

성도를 위하는 연보

1 성도를 위하는 연보에 관하여는 내가 갈라디아 교회들에게 명한 것
같이 너희도 그렇게 하라
2 매주 첫날에 너희 각 사람이 수입에 따라 모아 두어서 내가 갈 때에
연보를 하지 않게 하라
3 내가 이를 때에 너희가 인정한 사람에게 편지를 주어 너희의 은혜를
예루살렘으로 가지고 가게 하리니
4 만일 나도 가는 것이 합당하면 그들이 나와 함께 가리라
5 내가 마게도냐를 지날 터이니 마게도냐를 지난 후에 너희에게 가서
6 혹 너희와 함께 머물며 겨울을 지낼 듯도 하니 이는 너희가 나를 내
가 갈 곳으로 보내어 주게 하려 함이라
7 이제는 지나는 길에 너희 보기를 원하지 아니하노니 이는 만일 주께
서 허락하시면 얼마 동안 너희와 함께 머물기를 바람이라
8 내가 오순절까지 에베소에 머물려 함은
9 내게 광대하고 유효한 문이 열렸으나 대적하는 자가 많음이라
10 디모데가 이르거든 너희는 조심하여 그로 두려움이 없이 너희 가운
데 있게 하라 이는 그도 나와 같이 주의 일을 힘쓰는 자임이라

참조

연보(1-4절)

: 바울 서신의 특징은 신앙 또는 교회 운영의 기본 원리와 실제적 지침이 절묘하게 조화를 이룬다는 점이다 바울은 교회 행정에 대한 실제적 지침을 밝힌다. 어려움에 처한 예루살렘 교회를 위한 연보를 하라는 구체적 당부를 하고 있다. 그리고 마지막까지 바울은 모든 일을 사랑으로 하라고 권면한다(14).

성도를 위하는 연보

1

2

3

4

5

6

7

8

9

10

결론

권면과 끝인사

고린도전서 16:1–24

16장

11 그러므로 누구든지 그를 멸시하지 말고 평안히 보내어 내게로 오게
하라 나는 그가 형제들과 함께 오기를 기다리노라
12 형제 아볼로에 대하여는 그에게 형제들과 함께 너희에게 가라고 내가
많이 권하였으되 지금은 갈 뜻이 전혀 없으나 기회가 있으면 가리라

권면과 끝인사

13 깨어 믿음에 굳게 서서 남자답게 강건하라
14 너희 모든 일을 사랑으로 행하라
15 형제들아 스데바나의 집은 곧 아가야의 첫 열매요 또 성도 섬기기로
작정한 줄을 너희가 아는지라 내가 너희를 권하노니
16 이같은 사람들과 또 함께 일하며 수고하는 모든 사람에게 순종하라
17 내가 스데바나와 브드나도와 아가이고가 온 것을 기뻐하노니 그들이
너희의 부족한 것을 채웠음이라
18 그들이 나와 너희 마음을 시원하게 하였으니 그러므로 너희는 이런
사람들을 알아 주라
19 아시아의 교회들이 너희에게 문안하고 아굴라와 브리스가와 그 집에
있는 교회가 주 안에서 너희에게 간절히 문안하고

11

12

권면과 끝인사

13

14

15

16

17

18

19

결론

권면과 끝인사

고린도전서 16:1-24

16장

20 모든 형제도 너희에게 문안하니 너희는 거룩하게 입맞춤으로 서로 문
안하라
21 나 바울은 친필로 너희에게 문안하노니
22 만일 누구든지 주를 사랑하지 아니하면 저주를 받을지어다 우리 주
여 오시옵소서
23 주 예수 그리스도의 은혜가 너희와 함께 하고
24 나의 사랑이 그리스도 예수 안에서 너희 무리와 함께 할지어다

Verse Writing

2 On the first day of every week, each one of you should set aside a sum of money in keeping with his income, saving it up, so that when I come no collections will have to be made.

20

21

22

23

24

묵상 • 기도

고린도후서

서론

첫인사 및 고린도 교회 방문 연기 통보

고린도후서 1:1–2:4

손끝에서 피어나는
사랑의 권고

고린도전후서

따라쓰기

서론

첫인사 및 고린도 교회 방문 연기 통보

고린도후서 1:1–2:4

1장

고난의 위로와 구원과 감사

1 하나님의 뜻으로 말미암아 그리스도 예수의 사도 된 바울과 형제 디
모데는 고린도에 있는 하나님의 교회와 또 온 아가야에 있는 모든 성
도에게
2 하나님 우리 아버지와 주 예수 그리스도로부터 은혜와 평강이 있기
를 원하노라
3 찬송하리로다 그는 우리 주 예수 그리스도의 하나님이시요 자비의
아버지시요 모든 위로의 하나님이시며
4 우리의 모든 환난 중에서 우리를 위로하사 우리로 하여금 하나님께
받는 위로로써 모든 환난 중에 있는 자들을 능히 위로하게 하시는
이시로다
5 그리스도의 고난이 우리에게 넘친 것 같이 우리가 받는 위로도 그리
스도로 말미암아 넘치는도다
6 우리가 환난 당하는 것도 너희가 위로와 구원을 받게 하려는 것이요
우리가 위로를 받는 것도 너희가 위로를 받게 하려는 것이니 이 위로
가 너희 속에 역사하여 우리가 받는 것 같은 고난을 너희도 견디게
하느니라
7 너희를 위한 우리의 소망이 견고함은 너희가 고난에 참여하는 자가
된 것 같이 위로에도 그러할 줄을 앎이라
8 형제들아 우리가 아시아에서 당한 환난을 너희가 모르기를 원하지
아니하노니 힘에 겹도록 심한 고난을 당하여 살 소망까지 끊어지고

참조

환난(8절)

: 사도바울은 그의 생애에서 크게 두 세력에게 공격을 당했다. 첫 번째는 그의 개종을 미워하는 유대인들로부터의 공격이었고 두 번째는 로마 당국의 공격이었다. 이 두 세력은 매우 강하게 바울을 박해했으며 그로 인해 바울은 살 소망까지도 끊어질 정도의 극심한 고통을 느꼈다고 고백한다.

따라 쓴 날 . .

고난의 위로와 구원과 감사

1

2

3

4

5

6

7

8

서론

첫인사 및 고린도 교회 방문 연기 통보

고린도후서 1:1–2:4

1장

9 우리는 우리 자신이 사형 선고를 받은 줄 알았으니 이는 우리로 자기
를 의지하지 말고 오직 죽은 자를 다시 살리시는 하나님만 의지하게
하심이라
10 그가 이같이 큰 사망에서 우리를 건지셨고 또 건지실 것이며 이 후에
도 건지시기를 그에게 바라노라
11 너희도 우리를 위하여 간구함으로 도우라 이는 우리가 많은 사람의
기도로 얻은 은사로 말미암아 많은 사람이 우리를 위하여 감사하게
하려 함이라

고린도 교회 방문을 연기하다

12 우리가 세상에서 특별히 너희에 대하여 하나님의 거룩함과 진실함으
로 행하되 육체의 지혜로 하지 아니하고 하나님의 은혜로 행함은 우
리 양심이 증언하는 바니 이것이 우리의 자랑이라
13 오직 너희가 읽고 아는 것 외에 우리가 다른 것을 쓰지 아니하노니 너
희가 완전히 알기를 내가 바라는 것은
14 너희가 우리를 부분적으로 알았으나 우리 주 예수의 날에는 너희가
우리의 자랑이 되고 우리가 너희의 자랑이 되는 그것이라
15 내가 이 확신을 가지고 너희로 두 번 은혜를 얻게 하기 위하여 먼저
너희에게 이르렀다가
16 너희를 지나 마게도냐로 갔다가 다시 마게도냐에서 너희에게 가서 너
희의 도움으로 유대로 가기를 계획하였으니

9

10

11

고린도 교회 방문을 연기하다

12

13

14

15

16

서론

첫인사 및 고린도 교회 방문 연기 통보

고린도후서 1:1-2:4

1장

17 이렇게 계획할 때에 어찌 경솔히 하였으리요 혹 계획하기를 육체를
따라 계획하여 예 예 하면서 아니라 아니라 하는 일이 내게 있겠느냐
18 하나님은 미쁘시니라 우리가 너희에게 한 말은 예 하고 아니라 함이
없노라
19 우리 곧 나와 실루아노와 디모데로 말미암아 너희 가운데 전파된 하
나님의 아들 예수 그리스도는 예 하고 아니라 함이 되지 아니하셨으
니 그에게는 예만 되었느니라
20 하나님의 약속은 얼마든지 그리스도 안에서 예가 되니 그런즉 그로
말미암아 우리가 아멘 하여 하나님께 영광을 돌리게 되느니라
21 우리를 너희와 함께 그리스도 안에서 굳건하게 하시고 우리에게 기름
을 부으신 이는 하나님이시니
22 그가 또한 우리에게 인치시고 보증으로 우리 마음에 성령을 주셨느니
라
23 내가 내 목숨을 걸고 하나님을 불러 증언하시게 하노니 내가 다시 고
린도에 가지 아니한 것은 너희를 아끼려 함이라
24 우리가 너희 믿음을 주관하려는 것이 아니요 오직 너희 기쁨을 돕는
자가 되려 함이니 이는 너희가 믿음에 섰음이라

Verse Writing

9 Indeed, in our hearts we felt the sentence of death. But this happened that we
might not rely on ourselves but on God, who raises the dead.

17

18

19

20

21

22

23

24

첫인사 및 고린도 교회 방문 연기 통보

고린도후서 1:1–2:4

2장

1 내가 다시는 너희에게 근심 중에 나아가지 아니하기로 스스로 결심하였노니

2 내가 너희를 근심하게 한다면 내가 근심하게 한 자밖에 나를 기쁘게 할 자가 누구냐

3 내가 이같이 쓴 것은 내가 갈 때에 마땅히 나를 기쁘게 할 자로부터 도리어 근심을 얻을까 염려함이요 또 너희 모두에 대한 나의 기쁨이 너희 모두의 기쁨인 줄 확신함이로라

4 내가 마음에 큰 눌림과 걱정이 있어 많은 눈물로 너희에게 썼노니 이는 너희로 근심하게 하려 한 것이 아니요 오직 내가 너희를 향하여 넘치는 사랑이 있음을 너희로 알게 하려 함이라

Verse Writing

3 I wrote as I did so that when I came I should not be distressed by those who ought to make me rejoice. I had confidence in all of you, that you would all share my joy.

1

2

3

4

묵상 • 기도

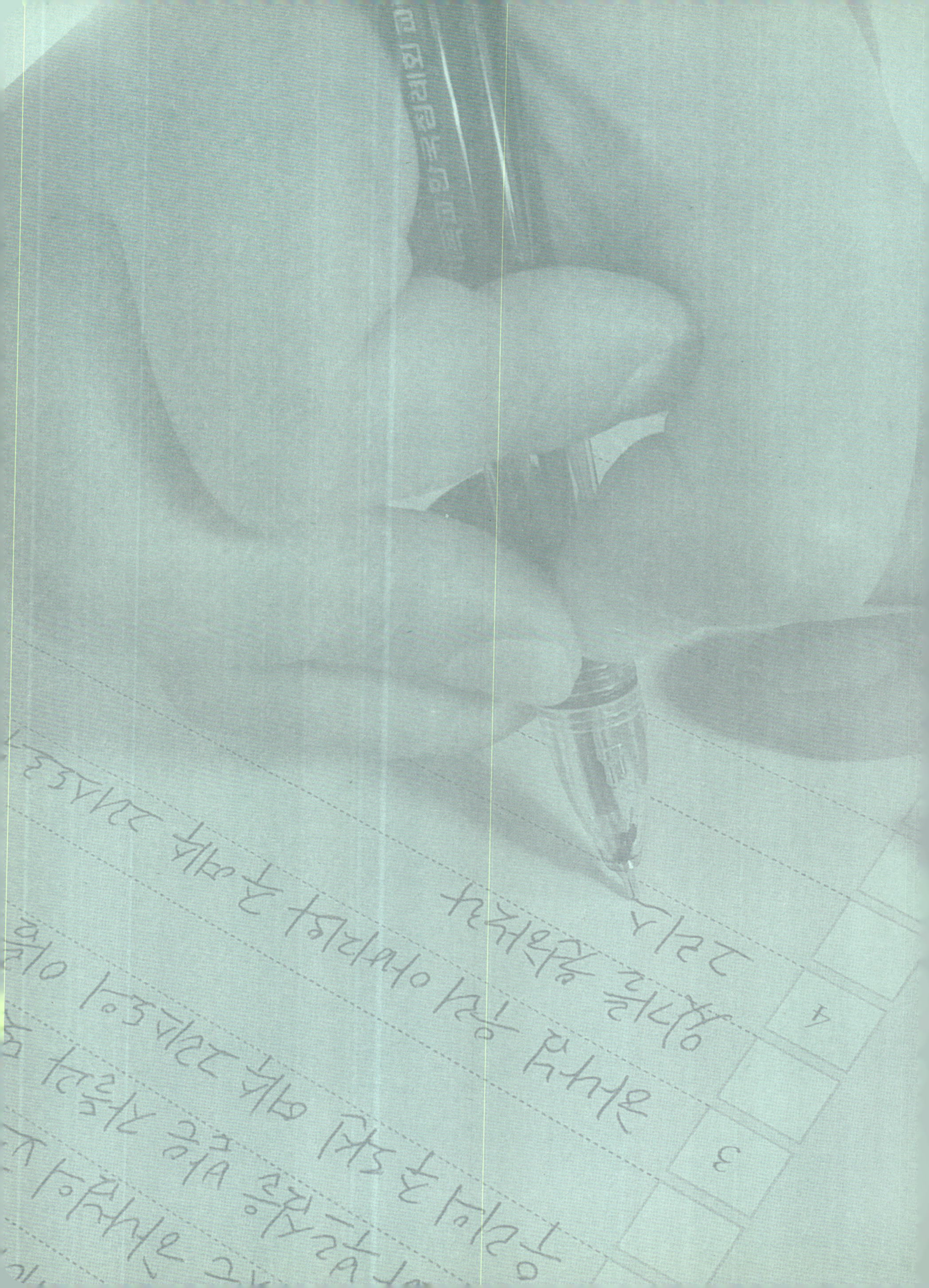

고린도후서

본론

자신의 행위와 직분에 관한 설명

1부: 보배를 담은 질그릇인 성도의 본질

고린도후서 2:5–6:18

2부: 고린도 교회의 회개와 예루살렘 성도들을 위한 헌금 권고

고린도후서 7:1–9:15

3부: 거짓 선지자들에 대한 책망과 사도권 변호

고린도후서 10:1–12:21

본론 1부

보배를 담은 질그릇인 성도의 본질

고린도후서 2:5–6:18

2장

근심하게 한 사람을 용서하라

5 근심하게 한 자가 있었을지라도 나를 근심하게 한 것이 아니요 어느
정도 너희 모두를 근심하게 한 것이니 어느 정도라 함은 내가 너무 지
나치게 말하지 아니하려 함이라
6 이러한 사람은 많은 사람에게서 벌 받는 것이 마땅하도다
7 그런즉 너희는 차라리 그를 용서하고 위로할 것이니 그가 너무 많은
근심에 잠길까 두려워하노라
8 그러므로 너희를 권하노니 사랑을 그들에게 나타내라
9 너희가 범사에 순종하는지 그 증거를 알고자 하여 내가 이것을 너희
에게 썼노라
10 너희가 무슨 일에든지 누구를 용서하면 나도 그리하고 내가 만일 용
서한 일이 있으면 용서한 그것은 너희를 위하여 그리스도 앞에서 한
것이니
11 이는 우리로 사탄에게 속지 않게 하려 함이라 우리는 그 계책을 알지
못하는 바가 아니로라

그리스도의 향기

12 내가 그리스도의 복음을 위하여 드로아에 이르매 주 안에서 문이 내
게 열렸으되

근심하게 한 사람을 용서하라

5

6

7

8

9

10

11

그리스도의 향기

12

본론 1부

보배를 담은 질그릇인 성도의 본질

고린도후서 2:5-6:18

2장

13 내가 내 형제 디도를 만나지 못하므로 내 심령이 편하지 못하여 그들
을 작별하고 마게도냐로 갔노라
14 항상 우리를 그리스도 안에서 이기게 하시고 우리로 말미암아 각처에
서 그리스도를 아는 냄새를 나타내시는 하나님께 감사하노라
15 우리는 구원 받는 자들에게나 망하는 자들에게나 하나님 앞에서 그
리스도의 향기니
16 이 사람에게는 사망으로부터 사망에 이르는 냄새요 저 사람에게는
생명으로부터 생명에 이르는 냄새라 누가 이 일을 감당하리요
17 우리는 수많은 사람들처럼 하나님의 말씀을 혼잡하게 하지 아니하고
곧 순전함으로 하나님께 받은 것 같이 하나님 앞에서와 그리스도 안
에서 말하노라

Verse Writing

14 But thanks be to God, who always leads us in triumphal procession in Christ and
through us spreads everywhere the fragrance of the knowledge of him.

참조

향기(15절)

: 믿는 자들은 그리스도의 향기를 발산해야 한다. 그리스도의 뜻을 따르는 삶을 살아감으로써 세상에 그리스도의 향기를 전파하는 자의 삶을 살 수 있다.

13

14

15

16

17

묵상 • 기도

3장

새 언약의 일꾼들

1 우리가 다시 자천하기를 시작하겠느냐 우리가 어찌 어떤 사람처럼 추
천서를 너희에게 부치거나 혹은 너희에게 받거나 할 필요가 있느냐
2 너희는 우리의 편지라 우리 마음에 썼고 뭇 사람이 알고 읽는 바라
3 너희는 우리로 말미암아 나타난 그리스도의 편지니 이는 먹으로 쓴
것이 아니요 오직 살아 계신 하나님의 영으로 쓴 것이며 또 돌판에
쓴 것이 아니요 오직 육의 마음판에 쓴 것이라
4 우리가 그리스도로 말미암아 하나님을 향하여 이같은 확신이 있으니
5 우리가 무슨 일이든지 우리에게서 난 것 같이 스스로 만족할 것이 아
니니 우리의 만족은 오직 하나님으로부터 나느니라
6 그가 또한 우리를 새 언약의 일꾼 되기에 만족하게 하셨으니 율법 조
문으로 하지 아니하고 오직 영으로 함이니 율법 조문은 죽이는 것이
요 영은 살리는 것이니라
7 돌에 써서 새긴 죽게 하는 율법 조문의 직분도 영광이 있어 이스라엘
자손들은 모세의 얼굴의 없어질 영광 때문에도 그 얼굴을 주목하지
못하였거든

참조

새 언약의 일꾼(6절)

: 사도 바울은 율법이 아닌 그리스도의 새 언약의 일꾼으로 자신과 그리스도인들을 부르셨음을 고백한다. 율법의 직분도 영광스럽지만 영의 직분 즉 그리스도의 복음을 전하는 직분의 영광은 무엇과도 비교할 수 없는 것이다.

새 언약의 일꾼들

1

2

3

4

5

6

7

보배를 담은 질그릇인 성도의 본질

고린도후서 2:5-6:18

3장

8 하물며 영의 직분은 더욱 영광이 있지 아니하겠느냐
9 정죄의 직분도 영광이 있은즉 의의 직분은 영광이 더욱 넘치리라
10 영광되었던 것이 더 큰 영광으로 말미암아 이에 영광될 것이 없으나
11 없어질 것도 영광으로 말미암았은즉 길이 있을 것은 더욱 영광 가운
데 있느니라
12 우리가 이같은 소망이 있으므로 담대히 말하노니
13 우리는 모세가 이스라엘 자손들에게 장차 없어질 것의 결국을 주목
하지 못하게 하려고 수건을 그 얼굴에 쓴 것 같이 아니하노라
14 그러나 그들의 마음이 완고하여 오늘까지도 구약을 읽을 때에 그 수
건이 벗겨지지 아니하고 있으니 그 수건은 그리스도 안에서 없어질
것이라
15 오늘까지 모세의 글을 읽을 때에 수건이 그 마음을 덮었도다
16 그러나 언제든지 주께로 돌아가면 그 수건이 벗겨지리라
17 주는 영이시니 주의 영이 계신 곳에는 자유가 있느니라
18 우리가 다 수건을 벗은 얼굴로 거울을 보는 것 같이 주의 영광을 보
매 그와 같은 형상으로 변화하여 영광에서 영광에 이르니 곧 주의 영
으로 말미암음이니라

Verse Writing

6 He has made us competent as ministers of a new covenant--not of the letter but of
the Spirit; for the letter kills, but the Spirit gives life.

8

9

10

11

12

13

14

15

16

17

18

본론 1부

보배를 담은 질그릇인 성도의 본질

고린도후서 2:5-6:18

4장

질그릇에 담긴 보배

1 그러므로 우리가 이 직분을 받아 긍휼하심을 입은 대로 낙심하지 아
니하고
2 이에 숨은 부끄러움의 일을 버리고 속임으로 행하지 아니하며 하나님
의 말씀을 혼잡하게 하지 아니하고 오직 진리를 나타냄으로 하나님
앞에서 각 사람의 양심에 대하여 스스로 추천하노라
3 만일 우리의 복음이 가리었으면 망하는 자들에게 가리어진 것이라
4 그 중에 이 세상의 신이 믿지 아니하는 자들의 마음을 혼미하게 하
여 그리스도의 영광의 복음의 광채가 비치지 못하게 함이니 그리스
도는 하나님의 형상이니라
5 우리는 우리를 전파하는 것이 아니라 오직 그리스도 예수의 주 되신
것과 또 예수를 위하여 우리가 너희의 종 된 것을 전파함이라
6 어두운 데에 빛이 비치라 말씀하셨던 그 하나님께서 예수 그리스도의
얼굴에 있는 하나님의 영광을 아는 빛을 우리 마음에 비추셨느니라
7 우리가 이 보배를 질그릇에 가졌으니 이는 심히 큰 능력은 하나님께
있고 우리에게 있지 아니함을 알게 하려 함이라

참조

보배와 질그릇(7절)

: 보배와 질그릇은 쉽게 매칭되지 않는 이미지이다. 그러나 하나님께서는 그리스도의 복음이라는 보배를 질그릇과 같은 우리에게 맡기셨다. 이는 심히 크신 능력이 우리에게 있는 것이 아닌 하나님께 있음을 알게 하기 위함이라고 설명한다.

질그릇에 담긴 보배

1

2

3

4

5

6

7

본론 1부

보배를 담은 질그릇인 성도의 본질

고린도후서 2:5–6:18

4장

8 우리가 사방으로 우겨쌈을 당하여도 싸이지 아니하며 답답한 일을
당하여도 낙심하지 아니하며
9 박해를 받아도 버린 바 되지 아니하며 거꾸러뜨림을 당하여도 망하
지 아니하고
10 우리가 항상 예수의 죽음을 몸에 짊어짐은 예수의 생명이 또한 우리
몸에 나타나게 하려 함이라
11 우리 살아 있는 자가 항상 예수를 위하여 죽음에 넘겨짐은 예수의
생명이 또한 우리 죽을 육체에 나타나게 하려 함이라
12 그런즉 사망은 우리 안에서 역사하고 생명은 너희 안에서 역사하느니라
13 기록된 바 내가 믿었으므로 말하였다 한 것 같이 우리가 같은 믿음
의 마음을 가졌으니 우리도 믿었으므로 또한 말하노라
14 주 예수를 다시 살리신 이가 예수와 함께 우리도 다시 살리사 너희와
함께 그 앞에 서게 하실 줄을 아노라
15 이는 모든 것이 너희를 위함이니 많은 사람의 감사로 말미암아 은혜
가 더하여 넘쳐서 하나님께 영광을 돌리게 하려 함이라

8

9

10

11

12

13

14

15

4장

겉사람과 속사람

16 그러므로 우리가 낙심하지 아니하노니 우리의 겉사람은 낡아지나 우
리의 속사람은 날로 새로워지도다
17 우리가 잠시 받는 환난의 경한 것이 지극히 크고 영원한 영광의 중한
것을 우리에게 이루게 함이니
18 우리가 주목하는 것은 보이는 것이 아니요 보이지 않는 것이니 보이
는 것은 잠깐이요 보이지 않는 것은 영원함이라

Verse Writing

7 But we have this treasure in jars of clay to show that this all-surpassing power is from God and not from us.

겉사람과 속사람

16

17

18

묵상 • 기도

5장

1 만일 땅에 있는 우리의 장막 집이 무너지면 하나님께서 지으신 집 곧 손으로 지은 것이 아니요 하늘에 있는 영원한 집이 우리에게 있는 줄 아느니라

2 참으로 우리가 여기 있어 탄식하며 하늘로부터 오는 우리 처소로 덧입기를 간절히 사모하노라

3 이렇게 입음은 우리가 벗은 자들로 발견되지 않으려 함이라

4 참으로 이 장막에 있는 우리가 짐진 것 같이 탄식하는 것은 벗고자 함이 아니요 오히려 덧입고자 함이니 죽을 것이 생명에 삼킨 바 되게 하려 함이라

5 곧 이것을 우리에게 이루게 하시고 보증으로 성령을 우리에게 주신 이는 하나님이시니라

6 그러므로 우리가 항상 담대하여 몸으로 있을 때에는 주와 따로 있는 줄을 아노니

7 이는 우리가 믿음으로 행하고 보는 것으로 행하지 아니함이로라

8 우리가 담대하여 원하는 바는 차라리 몸을 떠나 주와 함께 있는 그것이라

9 그런즉 우리는 몸으로 있든지 떠나든지 주를 기쁘시게 하는 자가 되기를 힘쓰노라

1

2

3

4

5

6

7

8

9

5장

10 이는 우리가 다 반드시 그리스도의 심판대 앞에 나타나게 되어 각각
선악간에 그 몸으로 행한 것을 따라 받으려 함이라

화목하게 하는 직분

11 우리는 주의 두려우심을 알므로 사람들을 권면하거니와 우리가 하나
님 앞에 알리어졌으니 또 너희의 양심에도 알리어지기를 바라노라
12 우리가 다시 너희에게 자천하는 것이 아니요 오직 우리로 말미암아
자랑할 기회를 너희에게 주어 마음으로 하지 않고 외모로 자랑하는
자들에게 대답하게 하려 하는 것이라
13 우리가 만일 미쳤어도 하나님을 위한 것이요 정신이 온전하여도 너희
를 위한 것이니
14 그리스도의 사랑이 우리를 강권하시는도다 우리가 생각하건대 한 사
람이 모든 사람을 대신하여 죽었은즉 모든 사람이 죽은 것이라
15 그가 모든 사람을 대신하여 죽으심은 살아 있는 자들로 하여금 다시
는 그들 자신을 위하여 살지 않고 오직 그들을 대신하여 죽었다가 다
시 살아나신 이를 위하여 살게 하려 함이라

10

화목하게 하는 직분

11

12

13

14

15

보배를 담은 질그릇인 성도의 본질

고린도후서 2:5-6:18

5장

16 그러므로 우리가 이제부터는 어떤 사람도 육신을 따라 알지 아니하
노라 비록 우리가 그리스도도 육신을 따라 알았으나 이제부터는 그
같이 알지 아니하노라
17 그런즉 누구든지 그리스도 안에 있으면 새로운 피조물이라 이전 것
은 지나갔으니 보라 새 것이 되었도다
18 모든 것이 하나님께로서 났으며 그가 그리스도로 말미암아 우리를
자기와 화목하게 하시고 또 우리에게 화목하게 하는 직분을 주셨으
니
19 곧 하나님께서 그리스도 안에 계시사 세상을 자기와 화목하게 하시
며 그들의 죄를 그들에게 돌리지 아니하시고 화목하게 하는 말씀을
우리에게 부탁하셨느니라
20 그러므로 우리가 그리스도를 대신하여 사신이 되어 하나님이 우리를
통하여 너희를 권면하시는 것 같이 그리스도를 대신하여 간청하노니
너희는 하나님과 화목하라
21 하나님이 죄를 알지도 못하신 이를 우리를 대신하여 죄로 삼으신 것
은 우리로 하여금 그 안에서 하나님의 의가 되게 하려 하심이라

참조

새로운 피조물(17절)

: 그리스도 안에서 시작된 새로운 존재, 새로운 세계, 새로운 세대를 가리킨다.

Verse Writing

17 Therefore, if anyone is in Christ, he is a new creation; the old has gone, the new
has come!

16

17

18

19

20

21

본론 1부

보배를 담은 질그릇인 성도의 본질

고린도후서 2:5-6:18

6장

1 우리가 하나님과 함께 일하는 자로서 너희를 권하노니 하나님의 은혜
를 헛되이 받지 말라
2 이르시되 내가 은혜 베풀 때에 너에게 듣고 구원의 날에 너를 도왔다
하셨으니 보라 지금은 은혜 받을 만한 때요 보라 지금은 구원의 날이
로다
3 우리가 이 직분이 비방을 받지 않게 하려고 무엇에든지 아무에게도
거리끼지 않게 하고
4 오직 모든 일에 하나님의 일꾼으로 자천하여 많이 견디는 것과 환난
과 궁핍과 고난과
5 매 맞음과 갇힘과 난동과 수고로움과 자지 못함과 먹지 못함 가운데
서도
6 깨끗함과 지식과 오래 참음과 자비함과 성령의 감화와 거짓이 없는
사랑과
7 진리의 말씀과 하나님의 능력으로 의의 무기를 좌우에 가지고
8 영광과 욕됨으로 그러했으며 악한 이름과 아름다운 이름으로 그러했
느니라 우리는 속이는 자 같으나 참되고
9 무명한 자 같으나 유명한 자요 죽은 자 같으나 보라 우리가 살아 있
고 징계를 받는 자 같으나 죽임을 당하지 아니하고
10 근심하는 자 같으나 항상 기뻐하고 가난한 자 같으나 많은 사람을 부
요하게 하고 아무 것도 없는 자 같으나 모든 것을 가진 자로다

1

2

3

4

5

6

7

8

9

10

6장

11 고린도인들이여 너희를 향하여 우리의 입이 열리고 우리의 마음이 넓
어졌으니
12 너희가 우리 안에서 좁아진 것이 아니라 오직 너희 심정에서 좁아진
것이니라
13 내가 자녀에게 말하듯 하노니 보답하는 것으로 너희도 마음을 넓히라
14 너희는 믿지 않는 자와 멍에를 함께 메지 말라 의와 불법이 어찌 함
께 하며 빛과 어둠이 어찌 사귀며
15 그리스도와 벨리알이 어찌 조화되며 믿는 자와 믿지 않는 자가 어찌
상관하며
16 하나님의 성전과 우상이 어찌 일치가 되리요 우리는 살아 계신 하나
님의 성전이라 이와 같이 하나님께서 이르시되 내가 그들 가운데 거
하며 두루 행하여 나는 그들의 하나님이 되고 그들은 나의 백성이 되
리라
17 그러므로 너희는 그들 중에서 나와서 따로 있고 부정한 것을 만지지
말라 내가 너희를 영접하여
18 너희에게 아버지가 되고 너희는 내게 자녀가 되리라 전능하신 주의
말씀이니라 하셨느니라

참조

성전(16절)

: 고린도전후서에서 사도 바울은 계속하여 우리의 몸이 하나님의 성전임을 강조한다. 6장에서는 믿지 않는 자들과 멍에를 함께 지지 말라고 권면하며 하나님의 전으로서의 우리를 설명하고 있다. 우상숭배를 경계하고 마음을 빼앗기지 말 것을 권면한다.

Verse Writing

2 For he says, "In the time of my favor I heard you, and in the day of salvation I helped you." I tell you, now is the time of God's favor, now is the day of salvation.

11

12

13

14

15

16

17

18

묵상 • 기도

본론 2부

고린도 교회의 회개와 예루살렘 성도들을 위한 헌금 권고

고린도후서 7:1–9:15

7장

1 그런즉 사랑하는 자들아 이 약속을 가진 우리는 하나님을 두려워하
는 가운데서 거룩함을 온전히 이루어 육과 영의 온갖 더러운 것에서
자신을 깨끗하게 하자

고린도 교회의 회개를 기뻐하다

2 마음으로 우리를 영접하라 우리는 아무에게도 불의를 행하지 않고
아무에게도 해롭게 하지 않고 아무에게서도 속여 빼앗은 일이 없노
라
3 내가 이 말을 하는 것은 너희를 정죄하려고 하는 것이 아니라 내가
이전에 말하였거니와 너희가 우리 마음에 있어 함께 죽고 함께 살게
하고자 함이라
4 나는 너희를 향하여 담대한 것도 많고 너희를 위하여 자랑하는 것도
많으니 내가 우리의 모든 환난 가운데서도 위로가 가득하고 기쁨이
넘치는도다
5 우리가 마게도냐에 이르렀을 때에도 우리 육체가 편하지 못하였고 사
방으로 환난을 당하여 밖으로는 다툼이요 안으로는 두려움이었노라
6 그러나 낙심한 자들을 위로하시는 하나님이 디도가 옴으로 우리를
위로하셨으니

1

고린도 교회의 회개를 기뻐하다

2

3

4

5

6

본론 2부

고린도 교회의 회개와 예루살렘 성도들을 위한 헌금 권고

고린도후서 7:1–9:15

7장

7 그가 온 것뿐 아니요 오직 그가 너희에게서 받은 그 위로로 위로하고
너희의 사모함과 애통함과 나를 위하여 열심 있는 것을 우리에게 보
고함으로 나를 더욱 기쁘게 하였느니라
8 그러므로 내가 편지로 너희를 근심하게 한 것을 후회하였으나 지금은
후회하지 아니함은 그 편지가 너희로 잠시만 근심하게 한 줄을 앎이
라
9 내가 지금 기뻐함은 너희로 근심하게 한 까닭이 아니요 도리어 너희
가 근심함으로 회개함에 이른 까닭이라 너희가 하나님의 뜻대로 근
심하게 된 것은 우리에게서 아무 해도 받지 않게 하려 함이라
10 하나님의 뜻대로 하는 근심은 후회할 것이 없는 구원에 이르게 하는
회개를 이루는 것이요 세상 근심은 사망을 이루는 것이니라
11 보라 하나님의 뜻대로 하게 된 이 근심이 너희로 얼마나 간절하게 하
며 얼마나 변증하게 하며 얼마나 분하게 하며 얼마나 두렵게 하며 얼
마나 사모하게 하며 얼마나 열심 있게 하며 얼마나 벌하게 하였는가
너희가 그 일에 대하여 일체 너희 자신의 깨끗함을 나타내었느니라

참조

하나님의 뜻대로 하는 근심(10절)

: 자신이 지은 죄에 대한 철저한 회개를 통해 구원에 이르게 하는 근심을 말한다. 반면 세상 근심은 후회와 사망을 가져다 주는 근심을 말한다.

따라 쓴 날 . .

7

8

9

10

11

본론 2부

고린도 교회의 회개와 예루살렘 성도들을 위한 헌금 권고

고린도후서 7:1–9:15

7장

12 그런즉 내가 너희에게 쓴 것은 그 불의를 행한 자를 위한 것도 아니
요 그 불의를 당한 자를 위한 것도 아니요 오직 우리를 위한 너희의
간절함이 하나님 앞에서 너희에게 나타나게 하려 함이로라
13 이로 말미암아 우리가 위로를 받았고 우리가 받은 위로 위에 디도의
기쁨으로 우리가 더욱 많이 기뻐함은 그의 마음이 너희 무리로 말미
암아 안심함을 얻었음이라
14 내가 그에게 너희를 위하여 자랑한 것이 있더라도 부끄럽지 아니하니
우리가 너희에게 이른 말이 다 참된 것 같이 디도 앞에서 우리가 자
랑한 것도 참되게 되었도다
15 그가 너희 모든 사람들이 두려움과 떪으로 자기를 영접하여 순종한
것을 생각하고 너희를 향하여 그의 심정이 더욱 깊었으니
16 내가 범사에 너희를 신뢰하게 된 것을 기뻐하노라

Verse Writing

10 Godly sorrow brings repentance that leads to salvation and leaves no regret, but
worldly sorrow brings death.

12

13

14

15

16

묵상 • 기도

본론 2부

고린도 교회의 회개와 예루살렘 성도들을 위한 헌금 권고

고린도후서 7:1–9:15

8장

풍성한 연보

1 형제들아 하나님께서 마게도냐 교회들에게 주신 은혜를 우리가 너희
에게 알리노니
2 환난의 많은 시련 가운데서 그들의 넘치는 기쁨과 극심한 가난이 그
들의 풍성한 연보를 넘치도록 하게 하였느니라
3 내가 증언하노니 그들이 힘대로 할 뿐 아니라 힘에 지나도록 자원하여
4 이 은혜와 성도 섬기는 일에 참여함에 대하여 우리에게 간절히 구하니
5 우리가 바라던 것뿐 아니라 그들이 먼저 자신을 주께 드리고 또 하나
님의 뜻을 따라 우리에게 주었도다
6 그러므로 우리가 디도를 권하여 그가 이미 너희 가운데서 시작하였
은즉 이 은혜를 그대로 성취하게 하라 하였노라
7 오직 너희는 믿음과 말과 지식과 모든 간절함과 우리를 사랑하는 이
모든 일에 풍성한 것 같이 이 은혜에도 풍성하게 할지니라
8 내가 명령으로 하는 말이 아니요 오직 다른 이들의 간절함을 가지고
너희의 사랑의 진실함을 증명하고자 함이로라

풍성한 연보

1

2

3

4

5

6

7

8

본론 2부

고린도 교회의 회개와 예루살렘 성도들을 위한 헌금 권고

고린도후서 7:1-9:15

8장

9 우리 주 예수 그리스도의 은혜를 너희가 알거니와 부요하신 이로서
너희를 위하여 가난하게 되심은 그의 가난함으로 말미암아 너희를
부요하게 하려 하심이라
10 이 일에 관하여 나의 뜻을 알리노니 이 일은 너희에게 유익함이라 너
희가 일 년 전에 행하기를 먼저 시작할 뿐 아니라 원하기도 하였은
11 이제는 하던 일을 성취할지니 마음에 원하던 것과 같이 완성하되 있
는 대로 하라
12 할 마음만 있으면 있는 대로 받으실 터이요 없는 것은 받지 아니하시
리라
13 이는 다른 사람들은 평안하게 하고 너희는 곤고하게 하려는 것이 아
니요 균등하게 하려 함이니
14 이제 너희의 넉넉한 것으로 그들의 부족한 것을 보충함은 후에 그들
의 넉넉한 것으로 너희의 부족한 것을 보충하여 균등하게 하려 함이라
15 기록된 것 같이 많이 거둔 자도 남지 아니하였고 적게 거둔 자도 모
자라지 아니하였느니라

디도와 그의 동역자

16 너희를 위하여 같은 간절함을 디도의 마음에도 주시는 하나님께 감
사하노니

참조

연보(14절)

: 연보의 대상은 어려움을 겪고 있는 교회들, 특히 예루살렘 교회를 의미한다고 보인다. 사도바울이 고린도 교회에 연보를 요청하는 이유는 고린도 교인들에게 짐을 지우려는 것이 아니라 고린도 교회의 넉넉함으로 다른 교회의 부족함을 보충함을 통해 균형을 맞추기 위함이다.

9

10

11

12

13

14

15

디도와 그의 동역자

16

8장

17 그가 권함을 받고 더욱 간절함으로 자원하여 너희에게 나아갔고
18 또 그와 함께 그 형제를 보내었으니 이 사람은 복음으로써 모든 교회
에서 칭찬을 받는 자요
19 이뿐 아니라 그는 동일한 주의 영광과 우리의 원을 나타내기 위하여
여러 교회의 택함을 받아 우리가 맡은 은혜의 일로 우리와 동행하는
자라
20 이것을 조심함은 우리가 맡은 이 거액의 연보에 대하여 아무도 우리
를 비방하지 못하게 하려 함이니
21 이는 우리가 주 앞에서뿐 아니라 사람 앞에서도 선한 일에 조심하려
함이라
22 또 그들과 함께 우리의 한 형제를 보내었노니 우리는 그가 여러 가지
일에 간절한 것을 여러 번 확인하였거니와 이제 그가 너희를 크게 믿
으므로 더욱 간절하니라
23 디도로 말하면 나의 동료요 너희를 위한 나의 동역자요 우리 형제들
로 말하면 여러 교회의 사자들이요 그리스도의 영광이니라
24 그러므로 너희는 여러 교회 앞에서 너희의 사랑과 너희에 대한 우리
자랑의 증거를 그들에게 보이라

Verse Writing

2 Out of the most severe trial, their overflowing joy and their extreme poverty welled up in rich generosity.

17

18

19

20

21

22

23

24

본론 2부

고린도 교회의 회개와 예루살렘 성도들을 위한 헌금 권고

고린도후서 7:1–9:15

9장

가난한 성도를 섬기는 연보

1 성도를 섬기는 일에 대하여는 내가 너희에게 쓸 필요가 없나니
2 이는 내가 너희의 원함을 앎이라 내가 너희를 위하여 마게도냐인들에
게 아가야에서는 일 년 전부터 준비하였다는 것을 자랑하였는데 과
연 너희의 열심이 퍽 많은 사람들을 분발하게 하였느니라
3 그런데 이 형제들을 보낸 것은 이 일에 너희를 위한 우리의 자랑이 헛
되지 않고 내가 말한 것 같이 준비하게 하려 함이라
4 혹 마게도냐인들이 나와 함께 가서 너희가 준비하지 아니한 것을 보
면 너희는 고사하고 우리가 이 믿던 것에 부끄러움을 당할까 두려워
하노라
5 그러므로 내가 이 형제들로 먼저 너희에게 가서 너희가 전에 약속한
연보를 미리 준비하게 하도록 권면하는 것이 필요한 줄 생각하였노니
이렇게 준비하여야 참 연보답고 억지가 아니니라
6 이것이 곧 적게 심는 자는 적게 거두고 많이 심는 자는 많이 거둔다
하는 말이로다
7 각각 그 마음에 정한 대로 할 것이요 인색함으로나 억지로 하지 말지
니 하나님은 즐겨 내는 자를 사랑하시느니라

참조

참연보(5절)

: 율로기아(εὐλογία) 축복을 뜻하는 단어로 여기서는 사랑의 동기에서 자원하는 마음으로 아낌없이 드리는 헌금을 의미한다.

가난한 성도를 섬기는 연보

1

2

3

4

5

6

7

본론 2부

고린도 교회의 회개와 예루살렘 성도들을 위한 헌금 권고

고린도후서 7:1–9:15

9장

8 하나님이 능히 모든 은혜를 너희에게 넘치게 하시나니 이는 너희로
모든 일에 항상 모든 것이 넉넉하여 모든 착한 일을 넘치게 하게 하
려 하심이라
9 기록된 바 그가 흩어 가난한 자들에게 주었으니 그의 의가 영원토록
있느니라 함과 같으니라
10 심는 자에게 씨와 먹을 양식을 주시는 이가 너희 심을 것을 주사 풍
성하게 하시고 너희 의의 열매를 더하게 하시리니
11 너희가 모든 일에 넉넉하여 너그럽게 연보를 함은 그들이 우리로 말
미암아 하나님께 감사하게 하는 것이라
12 이 봉사의 직무가 성도들의 부족한 것을 보충할 뿐 아니라 사람들이
하나님께 드리는 많은 감사로 말미암아 넘쳤느니라
13 이 직무로 증거를 삼아 너희가 그리스도의 복음을 진실히 믿고 복종
하는 것과 그들과 모든 사람을 섬기는 너희의 후한 연보로 말미암아
하나님께 영광을 돌리고
14 또 그들이 너희를 위하여 간구하며 하나님이 너희에게 주신 지극한
은혜로 말미암아 너희를 사모하느니라
15 말할 수 없는 그의 은사로 말미암아 하나님께 감사하노라

Verse Writing

7 Each man should give what he has decided in his heart to give, not reluctantly or
under compulsion, for God loves a cheerful giver.

8

9

10

11

12

13

14

15

본론 3부

거짓 선지자들에 대한 책망과 사도권 변호

고린도후서 10:1–12:21

10장

바울이 자기의 사도직을 변호하다

1 너희를 대면하면 유순하고 떠나 있으면 너희에 대하여 담대한 나 바
울은 이제 그리스도의 온유와 관용으로 친히 너희를 권하고
2 또한 우리를 육신에 따라 행하는 자로 여기는 자들에 대하여 내가
담대히 대하는 것 같이 너희와 함께 있을 때에 나로 하여금 이 담대
한 태도로 대하지 않게 하기를 구하노라
3 우리가 육신으로 행하나 육신에 따라 싸우지 아니하노니
4 우리의 싸우는 무기는 육신에 속한 것이 아니요 오직 어떤 견고한 진
도 무너뜨리는 하나님의 능력이라 모든 이론을 무너뜨리며
5 하나님 아는 것을 대적하여 높아진 것을 다 무너뜨리고 모든 생각을
사로잡아 그리스도에게 복종하게 하니
6 너희의 복종이 온전하게 될 때에 모든 복종하지 않는 것을 벌하려고
준비하는 중에 있노라
7 너희는 외모만 보는도다 만일 사람이 자기가 그리스도에게 속한 줄
을 믿을진대 자기가 그리스도에게 속한 것 같이 우리도 그러한 줄을
자기 속으로 다시 생각할 것이라

바울이 자기의 사도직을 변호하다

1

2

3

4

5

6

7

본론 3부

거짓 선지자들에 대한 책망과 사도권 변호

고린도후서 10:1-12:21

10장

8 주께서 주신 권세는 너희를 무너뜨리려고 하신 것이 아니요 세우려고
하신 것이니 내가 이에 대하여 지나치게 자랑하여도 부끄럽지 아니하
리라
9 이는 내가 편지들로 너희를 놀라게 하려는 것 같이 생각하지 않게 함
이라
10 그들의 말이 그의 편지들은 무게가 있고 힘이 있으나 그가 몸으로 대
할 때는 약하고 그 말도 시원하지 않다 하니
11 이런 사람은 우리가 떠나 있을 때에 편지들로 말하는 것과 함께 있을
때에 행하는 일이 같은 것임을 알지라
12 우리는 자기를 칭찬하는 어떤 자와 더불어 감히 짝하며 비교할 수 없
노라 그러나 그들이 자기로써 자기를 헤아리고 자기로써 자기를 비교
하니 지혜가 없도다
13 그러나 우리는 분수 이상의 자랑을 하지 않고 오직 하나님이 우리에
게 나누어 주신 그 범위의 한계를 따라 하노니 곧 너희에게까지 이른
것이라
14 우리가 너희에게 미치지 못할 자로서 스스로 지나쳐 나아간 것이 아
니요 그리스도의 복음으로 너희에게까지 이른 것이라

참조

말도 시원치 않다(10절)

: 거짓 교사들은 그리스지방에서 유행하던 화려한 웅변술과 수사법을 사용했다. 그러나 바울은 그들과는 전혀 달랐다. 평이하고 꾸밈 없는 말을 사용했고 대가 없이 복음을 전했다. 거짓교사들은 바울의 이러한 말을 들을 가치조차 없는 형편없는 말이라고 몰아세웠다. 그러나 바울은 오직 예수의 복음만을 전하기 위해 사람의 아름다운 말과 지혜를 사용하지 않았을 뿐이다.

따라 쓴 날 . .

8

9

10

11

12

13

14

본론 3부

거짓 선지자들에 대한 책망과 사도권 변호

고린도후서 10:1–12:21

10장

15 우리는 남의 수고를 가지고 분수 이상의 자랑을 하는 것이 아니라 오
직 너희 믿음이 자랄수록 우리의 규범을 따라 너희 가운데서 더욱 풍
성하여지기를 바라노라
16 이는 남의 규범으로 이루어 놓은 것으로 자랑하지 아니하고 너희 지
역을 넘어 복음을 전하려 함이라
17 자랑하는 자는 주 안에서 자랑할지니라
18 옳다 인정함을 받는 자는 자기를 칭찬하는 자가 아니요 오직 주께서
칭찬하시는 자니라

Verse Writing

4 The weapons we fight with are not the weapons of the world. On the contrary, they have divine power to demolish strongholds.

15

16

17

18

묵상 • 기도

본론 3부

거짓 선지자들에 대한 책망과 사도권 변호

고린도후서 10:1–12:21

11장

바울과 거짓사도

1 원하건대 너희는 나의 좀 어리석은 것을 용납하라 청하건대 나를 용
납하라
2 내가 하나님의 열심으로 너희를 위하여 열심을 내노니 내가 너희를
정결한 처녀로 한 남편인 그리스도께 드리려고 중매함이로다 그러나
나는
3 뱀이 그 간계로 하와를 미혹한 것 같이 너희 마음이 그리스도를 향
하는 진실함과 깨끗함에서 떠나 부패할까 두려워하노라
4 만일 누가 가서 우리가 전파하지 아니한 다른 예수를 전파하거나 혹
은 너희가 받지 아니한 다른 영을 받게 하거나 혹은 너희가 받지 아
니한 다른 복음을 받게 할 때에는 너희가 잘 용납하는구나
5 나는 지극히 크다는 사도들보다 부족한 것이 조금도 없는 줄로 생각
하노라
6 내가 비록 말에는 부족하나 지식에는 그렇지 아니하니 이것을 우리
가 모든 사람 가운데서 모든 일로 너희에게 나타내었노라
7 내가 너희를 높이려고 나를 낮추어 하나님의 복음을 값없이 너희에
게 전함으로 죄를 지었느냐
8 내가 너희를 섬기기 위하여 다른 여러 교회에서 비용을 받은 것은 탈
취한 것이라

바울과 거짓사도

1

2

3

4

5

6

7

8

본론 3부

거짓 선지자들에 대한 책망과 사도권 변호

고린도후서 10:1–12:21

11장

9 또 내가 너희와 함께 있을 때 비용이 부족하였으되 아무에게도 누를
끼치지 아니하였음은 마게도냐에서 온 형제들이 나의 부족한 것을
보충하였음이라 내가 모든 일에 너희에게 폐를 끼치지 않기 위하여
스스로 조심하였고 또 조심하리라
10 그리스도의 진리가 내 속에 있으니 아가야 지방에서 나의 이 자랑이
막히지 아니하리라
11 어떠한 까닭이냐 내가 너희를 사랑하지 아니함이냐 하나님이 아시느
니라
12 나는 내가 해 온 그대로 앞으로도 하리니 기회를 찾는 자들이 그 자
랑하는 일로 우리와 같이 인정 받으려는 그 기회를 끊으려 함이라
13 그런 사람들은 거짓 사도요 속이는 일꾼이니 자기를 그리스도의 사
도로 가장하는 자들이니라
14 이것은 이상한 일이 아니니라 사탄도 자기를 광명의 천사로 가장하나니
15 그러므로 사탄의 일꾼들도 자기를 의의 일꾼으로 가장하는 것이 또
한 대단한 일이 아니니라 그들의 마지막은 그 행위대로 되리라

9

10

11

12

13

14

15

본론 3부

거짓 선지자들에 대한 책망과 사도권 변호

고린도후서 10:1–12:21

11장

바울의 참된 자랑

16 내가 다시 말하노니 누구든지 나를 어리석은 자로 여기지 말라 만일
그러하더라도 내가 조금 자랑할 수 있도록 어리석은 자로 받으라
17 내가 말하는 것은 주를 따라 하는 말이 아니요 오직 어리석은 자와
같이 기탄 없이 자랑하노라
18 여러 사람이 육신을 따라 자랑하니 나도 자랑하겠노라
19 너희는 지혜로운 자로서 어리석은 자들을 기쁘게 용납하는구나
20 누가 너희를 종으로 삼거나 잡아먹거나 빼앗거나 스스로 높이거나
뺨을 칠지라도 너희가 용납하는도다
21 나는 우리가 약한 것 같이 욕되게 말하노라 그러나 누가 무슨 일에
담대하면 어리석은 말이나마 나도 담대하리라
22 그들이 히브리인이냐 나도 그러하며 그들이 이스라엘인이냐 나도 그
러하며 그들이 아브라함의 후손이냐 나도 그러하며
23 그들이 그리스도의 일꾼이냐 정신 없는 말을 하거니와 나는 더욱 그
러하도다 내가 수고를 넘치도록 하고 옥에 갇히기도 더 많이 하고 매
도 수없이 맞고 여러 번 죽을 뻔하였으니
24 유대인들에게 사십에서 하나 감한 매를 다섯 번 맞았으며

참조

바울의 출신성분

(22–27절)

: 바울은 거짓교사들에게 현혹되어 있는 고린도 교인들에게 그들보다 더한 고난을 받아가며 그리스도의 복음을 전했던 자신의 모습을 자세히 묘사한다. 거짓교사들은 겉만 번지르르했지만 바울은 몸소 그리스도로 인한 고난을 받으며 참 그리스도인의 길을 걸어가고 있었다.

바울의 참된 자랑

16

17

18

19

20

21

22

23

24

본론 3부

거짓 선지자들에 대한 책망과 사도권 변호

고린도후서 10:1–12:21

11장

25 세 번 태장으로 맞고 한 번 돌로 맞고 세 번 파선하고 일 주야를 깊
은 바다에서 지냈으며
26 여러 번 여행하면서 강의 위험과 강도의 위험과 동족의 위험과 이방
인의 위험과 시내의 위험과 광야의 위험과 바다의 위험과 거짓 형제
중의 위험을 당하고
27 또 수고하며 애쓰고 여러 번 자지 못하고 주리며 목마르고 여러 번
굶고 춥고 헐벗었노라
28 이 외의 일은 고사하고 아직도 날마다 내 속에 눌리는 일이 있으니
곧 모든 교회를 위하여 염려하는 것이라
29 누가 약하면 내가 약하지 아니하며 누가 실족하게 되면 내가 애타지
아니하더냐
30 내가 부득불 자랑할진대 내가 약한 것을 자랑하리라
31 주 예수의 아버지 영원히 찬송할 하나님이 내가 거짓말 아니하는 것
을 아시느니라
32 다메섹에서 아레다 왕의 고관이 나를 잡으려고 다메섹 성을 지켰으나
33 나는 광주리를 타고 들창문으로 성벽을 내려가 그 손에서 벗어났노라

Verse Writing

15 It is not surprising, then, if his servants masquerade as servants of righteousness.
Their end will be what their actions deserve.

25

26

27

28

29

30
31

32

33

묵상 • 기도

본론 3부

거짓 선지자들에 대한 책망과 사도권 변호

고린도후서 10:1-12:21

12장

주께서 보여주신 환상과 계시

1 무익하나마 내가 부득불 자랑하노니 주의 환상과 계시를 말하리라
2 내가 그리스도 안에 있는 한 사람을 아노니 그는 십사 년 전에 셋째
하늘에 이끌려 간 자라 (그가 몸 안에 있었는지 몸 밖에 있었는지 나
는 모르거니와 하나님은 아시느니라)
3 내가 이런 사람을 아노니 (그가 몸 안에 있었는지 몸 밖에 있었는지
나는 모르거니와 하나님은 아시느니라)
4 그가 낙원으로 이끌려 가서 말로 표현할 수 없는 말을 들었으니 사람
이 가히 이르지 못할 말이로다
5 내가 이런 사람을 위하여 자랑하겠으나 나를 위하여는 약한 것들 외
에 자랑하지 아니하리라
6 내가 만일 자랑하고자 하여도 어리석은 자가 되지 아니할 것은 내가
참말을 함이라 그러나 누가 나를 보는 바와 내게 듣는 바에 지나치게
생각할까 두려워하여 그만두노라
7 여러 계시를 받은 것이 지극히 크므로 너무 자만하지 않게 하시려고
내 육체에 가시 곧 사탄의 사자를 주셨으니 이는 나를 쳐서 너무 자
만하지 않게 하려 하심이라

주께서 보여주신 환상과 계시

1

2

3

4

5

6

7

본론 3부

거짓 선지자들에 대한 책망과 사도권 변호

고린도후서 10:1–12:21

12장

8 이것이 내게서 떠나가게 하기 위하여 내가 세 번 주께 간구하였더니
9 나에게 이르시기를 내 은혜가 네게 족하도다 이는 내 능력이 약한 데
서 온전하여짐이라 하신지라 그러므로 도리어 크게 기뻐함으로 나의
여러 약한 것들에 대하여 자랑하리니 이는 그리스도의 능력이 내게
머물게 하려 함이라
10 그러므로 내가 그리스도를 위하여 약한 것들과 능욕과 궁핍과 박해
와 곤고를 기뻐하노니 이는 내가 약한 그 때에 강함이라

고린도 교회의 일을 염려하다

11 내가 어리석은 자가 되었으나 너희가 억지로 시킨 것이니 나는 너희에
게 칭찬을 받아야 마땅하도다 내가 아무 것도 아니나 지극히 크다는
사도들보다 조금도 부족하지 아니하니라
12 사도의 표가 된 것은 내가 너희 가운데서 모든 참음과 표적과 기사와
능력을 행한 것이라
13 내 자신이 너희에게 폐를 끼치지 아니한 일밖에 다른 교회보다 부족
하게 한 것이 무엇이 있느냐 너희는 나의 이 공평하지 못한 것을 용서
하라

참조

약할 때 강함(9절)

: 그리스도의 능력은 내가 약할 때 더욱 온전하게 드러난다. 사도 바울은 자신의 육체의 가시 즉 사탄의 사자를 제거하기 위해 세 번이나 간절하게 기도했지만 하나님께서는 바울에게 주신 은혜가 족함을 말씀하시며 바울이 약할 그 때에 하나님의 능력이 온전히 드러남을 밝히신다.

8

9

10

고린도 교회의 일을 염려하다

11

12

13

본론 3부

거짓 선지자들에 대한 책망과 사도권 변호

고린도후서 10:1–12:21

12장

14 보라 내가 이제 세 번째 너희에게 가기를 준비하였으나 너희에게 폐
를 끼치지 아니하리라 내가 구하는 것은 너희의 재물이 아니요 오직
너희니라 어린 아이가 부모를 위하여 재물을 저축하는 것이 아니요
부모가 어린 아이를 위하여 하느니라
15 내가 너희 영혼을 위하여 크게 기뻐하므로 재물을 사용하고 또 내
자신까지도 내어 주리니 너희를 더욱 사랑할수록 나는 사랑을 덜 받
겠느냐
16 하여간 어떤 이의 말이 내가 너희에게 짐을 지우지는 아니하였을지라
도 교활한 자가 되어 너희를 속임수로 취하였다 하니
17 내가 너희에게 보낸 자 중에 누구로 너희의 이득을 취하더냐
18 내가 디도를 권하고 함께 한 형제를 보내었으니 디도가 너희의 이득
을 취하더냐 우리가 동일한 성령으로 행하지 아니하더냐 동일한 보조
로 하지 아니하더냐
19 너희는 이 때까지 우리가 자기 변명을 하는 줄로 생각하는구나 우리
는 그리스도 안에서 하나님 앞에 말하노라 사랑하는 자들아 이 모든
것은 너희의 덕을 세우기 위함이니라

14

15

16

17

18

19

본론 3부

거짓 선지자들에 대한 책망과 사도권 변호

고린도후서 10:1–12:21

12장

20 내가 갈 때에 너희를 내가 원하는 것과 같이 보지 못하고 또 내가 너
희에게 너희가 원하지 않는 것과 같이 보일까 두려워하며 또 다툼과
시기와 분냄과 당 짓는 것과 비방과 수군거림과 거만함과 혼란이 있
을까 두려워하고
21 또 내가 다시 갈 때에 내 하나님이 나를 너희 앞에서 낮추실까 두려
워하고 또 내가 전에 죄를 지은 여러 사람의 그 행한 바 더러움과 음
란함과 호색함을 회개하지 아니함 때문에 슬퍼할까 두려워하노라

Verse Writing

9 But he said to me, "My grace is sufficient for you, for my power is made perfect in weakness." Therefore I will boast all the more gladly about my weaknesses, so that Christ's power may rest on me.

20

21

묵상 • 기도

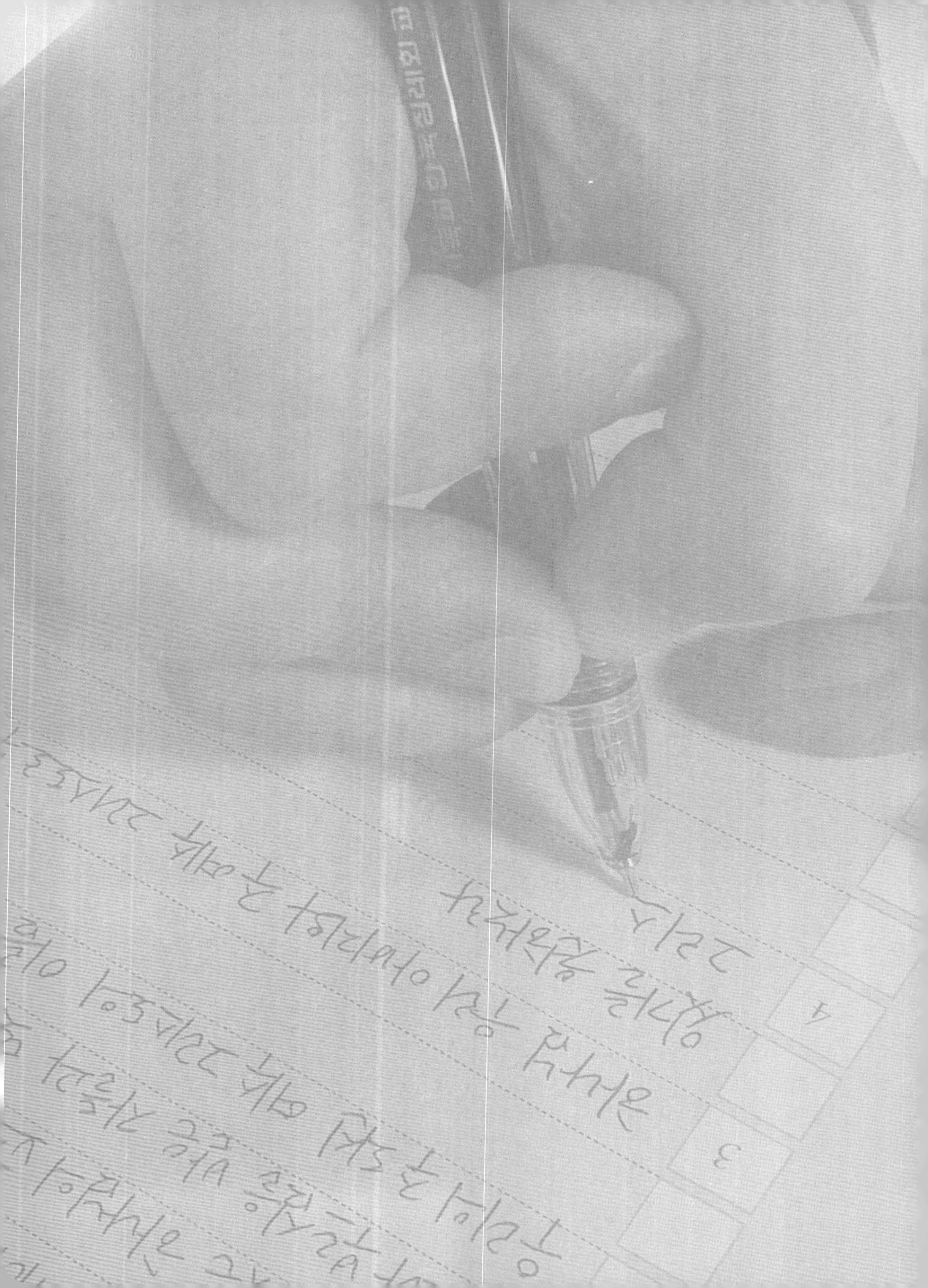

고린도후서

결론

권면과 끝인사

고린도후서 13:1-13:13

손끝에서 피어나는
사랑의 권고

고린도전후서

따라쓰기

결론

권면과 끝인사

고린도후서 13:1–13:13

13장

권면과 끝인사

1 내가 이제 세 번째 너희에게 가리니 두세 증인의 입으로 말마다 확정
하리라
2 내가 이미 말하였거니와 지금 떠나 있으나 두 번째 대면하였을 때와
같이 전에 죄 지은 자들과 그 남은 모든 사람에게 미리 말하노니 내
가 다시 가면 용서하지 아니하리라
3 이는 그리스도께서 내 안에서 말씀하시는 증거를 너희가 구함이니
그는 너희에게 대하여 약하지 않고 도리어 너희 안에서 강하시니라
4 그리스도께서 약하심으로 십자가에 못 박히셨으나 하나님의 능력으
로 살아 계시니 우리도 그 안에서 약하나 너희에게 대하여 하나님의
능력으로 그와 함께 살리라
5 너희는 믿음 안에 있는가 너희 자신을 시험하고 너희 자신을 확증하
라 예수 그리스도께서 너희 안에 계신 줄을 너희가 스스로 알지 못
하느냐 그렇지 않으면 너희는 버림 받은 자니라
6 우리가 버림 받은 자 되지 아니한 것을 너희가 알기를 내가 바라고

권면과 끝인사

1

2

3

4

5

6

결론

권면과 끝인사

고린도후서 13:1–13:13

13장

7 우리가 하나님께서 너희로 악을 조금도 행하지 않게 하시기를 구하노
니 이는 우리가 옳은 자임을 나타내고자 함이 아니라 오직 우리는 버
림 받은 자 같을지라도 너희는 선을 행하게 하고자 함이라
8 우리는 진리를 거슬러 아무 것도 할 수 없고 오직 진리를 위할 뿐이
니
9 우리가 약할 때에 너희가 강한 것을 기뻐하고 또 이것을 위하여 구하
니 곧 너희가 온전하게 되는 것이라
10 그러므로 내가 떠나 있을 때에 이렇게 쓰는 것은 대면할 때에 주께서
너희를 넘어뜨리려 하지 않고 세우려 하여 내게 주신 그 권한을 따라
엄하지 않게 하려 함이라
11 마지막으로 말하노니 형제들아 기뻐하라 온전하게 되며 위로를 받으
며 마음을 같이하며 평안할지어다 또 사랑과 평강의 하나님이 너희
와 함께 계시리라 거룩하게 입맞춤으로 서로 문안하라
12 모든 성도가 너희에게 문안하느니라
13 주 예수 그리스도의 은혜와 하나님의 사랑과 성령의 교통하심이 너희
무리와 함께 있을지어다

참조

입맞춤(11절)

: 근동 지방에는 친구들 사이에 상호 신뢰와 애정의 표시로 이러한 인사법이 통용되었다. 초대교회에서는 용서와 사랑의 표시로 주의 만찬 전에 행해졌다.

Verse Writing

9 Examine yourselves to see whether you are in the faith; test yourselves. Do you not realize that Christ Jesus is in you--unless, of course, you fail the test?

7

8

9

10

11

12

13

묵상 • 기도

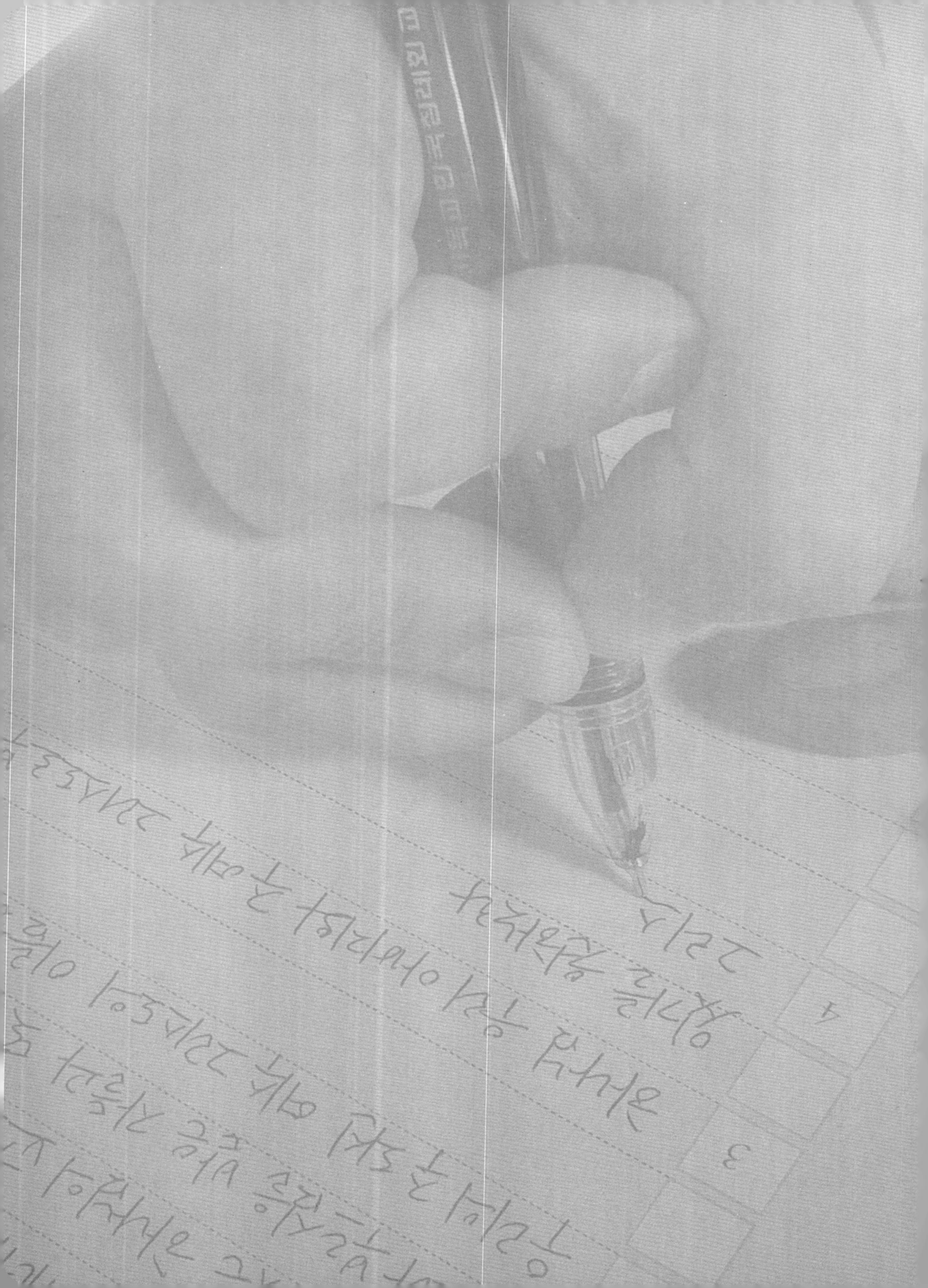

I, II
Corinthians

Hand Copying Scriptures

1Corinthians 1

Perish [perɪʃ]
죽다. 멸망하다. 소멸되다.

frustrate [frʌstreɪt]
방해하다, 좌절시키다.

Wisdom of God
하나님의 지혜

1:18-21

18 For the message of the cross is foolishness to those who are perishing, but to us who are being saved it is the power of God.

19 For it is written: "I will destroy the wisdom of the wise; the intelligence of the intelligent I will frustrate."

20 Where is the wise man? Where is the scholar? Where is the philosopher of this age? Has not God made foolish the wisdom of the world?

21 For since in the wisdom of God the world through its wisdom did not know him, God was pleased through the foolishness of what was preached to save those who believe.

18 십자가의 도가 멸망하는 자들에게는 미련한 것이요 구원을 받는 우리
에게는 하나님의 능력이라 19 기록된 바 내가 지혜 있는 자들의 지혜를 멸
하고 총명한 자들의 총명을 폐하리라 하였으니 20 지혜 있는 자가 어디
있느냐 선비가 어디 있느냐 이 세대에 변론가가 어디 있느냐 하나님께서
이 세상의 지혜를 미련하게 하신 것이 아니냐 21 하나님의 지혜에 있어서
는 이 세상이 자기 지혜로 하나님을 알지 못하므로 하나님께서 전도의 미
련한 것으로 믿는 자들을 구원하시기를 기뻐하셨도다

따라 쓴 날 . .

1Corinthians 2

spirit [spɪrɪt]
정신, 영혼

expressing(express) [ɪk'spres]
표현성, 나타내다. 표현하다.

Truth [tru:θ]
진리, 사실, 진상

2:11-13

11 For who among men knows the thoughts of a man except the man's spirit within him? In the same way no one knows the thoughts of God except the Spirit of God.

12 We have not received the spirit of the world but the Spirit who is from God, that we may understand what God has freely given us.

13 This is what we speak, not in words taught us by human wisdom but in words taught by the Spirit, expressing spiritual truths in spiritual words.

11 사람의 일을 사람의 속에 있는 영 외에 누가 알리요 이와 같이 하나님
의 일도 하나님의 영 외에는 아무도 알지 못하느니라 12 우리가 세상의 영
을 받지 아니하고 오직 하나님으로부터 온 영을 받았으니 이는 우리로 하
여금 하나님께서 우리에게 은혜로 주신 것들을 알게 하려 하심이라 13 우
리가 이것을 말하거니와 사람의 지혜가 가르친 말로 아니하고 오직 성령
께서 가르치신 것으로 하니 영적인 일은 영적인 것으로 분별하느니라

1Corinthians 3

Plant [plænt]
나무, 씨앗 등을 심다.
reward [ri'wɔ:rd]
보상, 사례
fellow worker
동역자

3:5-9

5 What, after all, is Apollos? And what is Paul? Only servants, through whom you came to believe--as the Lord has assigned to each his task.

6 I planted the seed, Apollos watered it, but God made it grow.

7 So neither he who plants nor he who waters is anything, but only God, who makes things grow.

8 The man who plants and the man who waters have one purpose, and each will be rewarded according to his own labor.

9 For we are God's fellow workers; you are God's field, God's building.

5 그런즉 아볼로는 무엇이며 바울은 무엇이냐 그들은 주께서 각각 주신
대로 너희로 하여금 믿게 한 사역자들이니라 6 나는 심었고 아볼로는 물
을 주었으되 오직 하나님께서 자라나게 하셨나니 7 그런즉 심는 이나 물
주는 이는 아무 것도 아니로되 오직 자라게 하시는 이는 하나님뿐이니라
8 심는 이와 물 주는 이는 한가지이나 각각 자기가 일한 대로 자기의 상을
받으리라 9 우리는 하나님의 동역자들이요 너희는 하나님의 밭이요 하나
님의 집이니라

따라 쓴 날 . .

1*Corinthians* 4

guardian [gɑːdiən]
수호자, 보호자, 후견인, 스승

imitate [ɪmɪteɪt]
모방하다, 본뜨다, 흉내내다.

faithful ['feɪθfl]
충실한, 충직한, 신의있는, 신앙인

4:15-17

15 Even though you have ten thousand guardians in Christ, you do not have many fathers, for in Christ Jesus I became your father through the gospel.

16 Therefore I urge you to imitate me.

17 For this reason I am sending to you Timothy, my son whom I love, who is faithful in the Lord. He will remind you of my way of life in Christ Jesus, which agrees with what I teach everywhere in every church.

15 그리스도 안에서 일만 스승이 있으되 아버지는 많지 아니하니 그리스
도 예수 안에서 내가 복음으로써 너희를 낳았음이라 16 그러므로 내가
너희에게 권하노니 너희는 나를 본받는 자가 되라 17 이로 말미암아 내가
주 안에서 내 사랑하고 신실한 아들 디모데를 너희에게 보내었으니 그가
너희로 하여금 그리스도 예수 안에서 나의 행사 곧 내가 각처 각 교회에
서 가르치는 것을 생각나게 하리라

1Corinthians 5

swindler [swíndlər]
사기꾼, 협잡꾼

idolater [aidɑ́lətər]
우상숭배자, 이교도

judge [dʒʌdʒ]
심판, 판단력, 분별력, 심사

5:10-13

10 not at all meaning the people of this world who are immoral, or the greedy and swindlers, or idolaters. In that case you would have to leave this world.

11 But now I am writing you that you must not associate with anyone who calls himself a brother but is sexually immoral or greedy, an idolater or a slanderer, a drunkard or a swindler. With such a man do not even eat.

12 What business is it of mine to judge those outside the church? Are you not to judge those inside?

13 God will judge those outside. "Expel the wicked man from among you."

10 이 말은 이 세상의 음행하는 자들이나 탐하는 자들이나 속여 빼앗는
자들이나 우상 숭배하는 자들을 도무지 사귀지 말라 하는 것이 아니니
만일 그리하려면 너희가 세상 밖으로 나가야 할 것이라 11 이제 내가 너
희에게 쓴 것은 만일 어떤 형제라 일컫는 자가 음행하거나 탐욕을 부리거
나 우상 숭배를 하거나 모욕하거나 술 취하거나 속여 빼앗거든 사귀지도
말고 그런 자와는 함께 먹지도 말라 함이라 12 밖에 있는 사람들을 판단
하는 것이야 내게 무슨 상관이 있으리요마는 교회 안에 있는 사람들이야
너희가 판단하지 아니하랴 13 밖에 있는 사람들은 하나님이 심판하시려
니와 이 악한 사람은 너희 중에서 내쫓으라

1Corinthians 6

unite [ju'naɪt]
연합하다, 통합시키다

prostitute ['prɑːstətuːt]
매춘부, 창녀, 매춘부로 일하다

immorality [ìmərǽləti]
부도덕, 행실이 나쁨, 난잡함

6:15-18

15 Do you not know that your bodies are members of Christ himself? Shall I then take the members of Christ and unite them with a prostitute? Never!

16 Do you not know that he who unites himself with a prostitute is one with her in body? For it is said, "The two will become one flesh."

17 But he who unites himself with the Lord is one with him in spirit.

18 Flee from sexual immorality. All other sins a man commits are outside his body, but he who sins sexually sins against his own body.

15 너희 몸이 그리스도의 지체인 줄을 알지 못하느냐 내가 그리스도의 지
체를 가지고 창녀의 지체를 만들겠느냐 결코 그럴 수 없느니라
16 창녀와
합하는 자는 그와 한 몸인 줄을 알지 못하느냐 일렀으되 둘이 한 육체가
된다 하셨나니
17 주와 합하는 자는 한 영이니라
18 음행을 피하라 사람
이 범하는 죄마다 몸 밖에 있거니와 음행하는 자는 자기 몸에 죄를 범하
느니라

따라 쓴 날 . .

1Corinthians 7

Restrict [rɪ'strɪkt]
제한하다, 방해하다, 통제하다

Virgin [vɜːrdʒ-]
숫총각, 숫처녀, 무경험자

compulsion [kəm'pʌlʃn]
강요, 나쁜 충동

7:35-37

35 I am saying this for your own good, not to restrict you, but that you may live in a right way in undivided devotion to the Lord.

36 If anyone thinks he is acting improperly toward the virgin he is engaged to, and if she is getting along in years and he feels he ought to marry, he should do as he wants. He is not sinning. They should get married.

37 But the man who has settled the matter in his own mind, who is under no compulsion but has control over his own will, and who has made up his mind not to marry the virgin--this man also does the right thing.

35 내가 이것을 말함은 너희의 유익을 위함이요 너희에게 올무를 놓으려
함이 아니니 오직 너희로 하여금 이치에 합당하게 하여 흐트러짐이 없이
주를 섬기게 하려 함이라 36 그러므로 만일 누가 자기의 약혼녀에 대한
행동이 합당하지 못한 줄로 생각할 때에 그 약혼녀의 혼기도 지나고 그같
이 할 필요가 있거든 원하는 대로 하라 그것은 죄 짓는 것이 아니니 그들
로 결혼하게 하라 37 그러나 그가 마음을 정하고 또 부득이한 일도 없고
자기 뜻대로 할 권리가 있어서 그 약혼녀를 그대로 두기로 하여도 잘하는
것이니라

따라 쓴 날 . . .

1 *Corinthians* 8

accustomed [ə'kʌstəmd]
익숙한, 평상시의, 늘 하는

conscience ['kɒnʃəns]
양심, (양심의) 가책

defiled [dɪ'faɪl]
더럽히다, 불결하게 하다

8:6-8

6 Yet for us there is but one God, the Father, from whom all things came and for whom we live; and there is but one Lord, Jesus Christ, through whom all things came and through whom we live.

7 But not everyone knows this. Some people are still so accustomed to idols that when they eat such food they think of it as having been sacrificed to an idol, and since their conscience is weak, it is defiled.

8 But food does not bring us near to God; we are no worse if we do not eat, and no better if we do.

6 그러나 우리에게는 한 하나님 곧 아버지가 계시니 만물이 그에게서 났
고 우리도 그를 위하여 있고 또한 한 주 예수 그리스도께서 계시니 만물
이 그로 말미암고 우리도 그로 말미암아 있느니라 7 그러나 이 지식은 모
든 사람에게 있는 것은 아니므로 어떤 이들은 지금까지 우상에 대한 습관
이 있어 우상의 제물로 알고 먹는 고로 그들의 양심이 약하여지고 더러워
지느니라 8 음식은 우리를 하나님 앞에 내세우지 못하나니 우리가 먹지
않는다고 해서 더 못사는 것도 아니고 먹는다고 해서 더 잘사는 것도 아니
니라

따라 쓴 날 . .

1 *Corinthians*

9

gospel [gɑ:spl]
복음, 절대적 진리, 복음서

voluntarily [vɑ:lən'terəli]
자발적으로, 자진해서

preaching [prí:tʃiŋ]
설교, 설교함, 설교가 있는 예배

9:16-19

16 Yet when I preach the gospel, I cannot boast, for I am compelled to preach. Woe to me if I do not preach the gospel!

17 If I preach voluntarily, I have a reward; if not voluntarily, I am simply discharging the trust committed to me.

18 What then is my reward? Just this: that in preaching the gospel I may offer it free of charge, and so not make use of my rights in preaching it.

19 Though I am free and belong to no man, I make myself a slave to everyone, to win as many as possible.

16 내가 복음을 전할지라도 자랑할 것이 없음은 내가 부득불 할 일임이
라 만일 복음을 전하지 아니하면 내게 화가 있을 것이로다 17 내가 내 자
의로 이것을 행하면 상을 얻으려니와 내가 자의로 아니한다 할지라도 나
는 사명을 받았노라 18 그런즉 내 상이 무엇이냐 내가 복음을 전할 때에
값없이 전하고 복음으로 말미암아 내게 있는 권리를 다 쓰지 아니하는 이
것이로다 19 내가 모든 사람에게서 자유로우나 스스로 모든 사람에게 종
이 된 것은 더 많은 사람을 얻고자 함이라

따라 쓴 날 . .

1Corinthians 10

Thankfulness
감사, 사은

denounced [dɪˈnaʊns]
맹렬히 비난하다, 고발하다

stumble [stʌmbl]
발이 걸리다, 비틀거리다, 더듬거리다

10:30-33

30 If I take part in the meal with thankfulness, why am I denounced because of something I thank God for?

31 So whether you eat or drink or whatever you do, do it all for the glory of God.

32 Do not cause anyone to stumble, whether Jews, Greeks or the church of God--

33 even as I try to please everybody in every way. For I am not seeking my own good but the good of many, so that they may be saved.

30 만일 내가 감사함으로 참여하면 어찌하여 내가 감사하는 것에 대하여
비방을 받으리요 31 그런즉 너희가 먹든지 마시든지 무엇을 하든지 다 하
나님의 영광을 위하여 하라 32 유대인에게나 헬라인에게나 하나님의 교
회에나 거치는 자가 되지 말고 33 나와 같이 모든 일에 모든 사람을 기쁘
게 하여 자신의 유익을 구하지 아니하고 많은 사람의 유익을 구하여 그들
로 구원을 받게 하라

따라 쓴 날

1Corinthians 11

remembrance [rɪ'membrəns]
추모, 추도, 추억

covenant [kʌvənənt]
약속, 계약

proclaim [prə'kleɪm]
선언하다, ~의 표시이다.

11:24-27

24 and when he had given thanks, he broke it and said, "This is my body, which is for you; do this in remembrance of me."

25 In the same way, after supper he took the cup, saying, "This cup is the new covenant in my blood; do this, whenever you drink it, in remembrance of me."

26 For whenever you eat this bread and drink this cup, you proclaim the Lord's death until he comes.

27 Therefore, whoever eats the bread or drinks the cup of the Lord in an unworthy manner will be guilty of sinning against the body and blood of the Lord.

24 축사하시고 떼어 이르시되 이것은 너희를 위하는 내 몸이니 이것을 행
하여 나를 기념하라 하시고 25 식후에 또한 그와 같이 잔을 가지시고 이
르시되 이 잔은 내 피로 세운 새 언약이니 이것을 행하여 마실 때마다 나
를 기념하라 하셨으니 26 너희가 이 떡을 먹으며 이 잔을 마실 때마다 주
의 죽으심을 그가 오실 때까지 전하는 것이니라 27 그러므로 누구든지
주의 떡이나 잔을 합당하지 않게 먹고 마시는 자는 주의 몸과 피에 대하
여 죄를 짓는 것이니라

따라 쓴 날 . . .

1Corinthians 12

division [dɪ'vɪʒn]
분할, 분배, 분열, 나눗셈, 나누기

suffer [sʌfə(r)]
시달리다, 고통받다, 겪다(당하다)

apostle [ə'pɑːsl]
사도, 주창자

12:25-28

25 so that there should be no division in the body, but that its parts should have equal concern for each other.

26 If one part suffers, every part suffers with it; if one part is honored, every part rejoices with it.

27 Now you are the body of Christ, and each one of you is a part of it.

28 And in the church God has appointed first of all apostles, second prophets, third teachers, then workers of miracles, also those having gifts of healing, those able to help others, those with gifts of administration, and those speaking in different kinds of tongues. .

25 몸 가운데서 분쟁이 없고 오직 여러 지체가 서로 같이 돌보게 하셨느
니라 26 만일 한 지체가 고통을 받으면 모든 지체가 함께 고통을 받고 한
지체가 영광을 얻으면 모든 지체가 함께 즐거워하느니라 27 너희는 그리
스도의 몸이요 지체의 각 부분이라 28 하나님이 교회 중에 몇을 세우셨
으니 첫째는 사도요 둘째는 선지자요 셋째는 교사요 그 다음은 능력을 행
하는 자요 그 다음은 병 고치는 은사와 서로 돕는 것과 다스리는 것과 각
종 방언을 말하는 것이라

따라 쓴 날 . .

1Corinthians 13

patient [peɪʃnt]
환자

perseveres [pɜːrsəˈvɪr]
인내하며 계속하다, 인내심을 갖고 하다

rude [ruːd]
무례한, 예의 없는

13:4-7

4 Love is patient, love is kind. It does not envy, it does not boast, it is not proud.

5 It is not rude, it is not self-seeking, it is not easily angered, it keeps no record of wrongs.

6 Love does not delight in evil but rejoices with the truth.

7 It always protects, always trusts, always hopes, always perseveres.

4 사랑은 오래 참고 사랑은 온유하며 시기하지 아니하며 사랑은 자랑하
지 아니하며 교만하지 아니하며 5 무례히 행하지 아니하며 자기의 유익을
구하지 아니하며 성내지 아니하며 악한 것을 생각하지 아니하며 6 불의
를 기뻐하지 아니하며 진리와 함께 기뻐하고 7 모든 것을 참으며 모든 것
을 믿으며 모든 것을 바라며 모든 것을 견디느니라

1Corinthians 14

tongue [tʌŋ]
혀, 언어, 말버릇

prophesy [prɒfəsaɪ]
예언하다

convinced [kən'vɪnst]
확신하는, 독실한, 투철한

14:23-26

23 So if the whole church comes together and everyone speaks in tongues, and some who do not understand or some unbelievers come in, will they not say that you are out of your mind?

24 But if an unbeliever or someone who does not understandcomes in while everybody is prophesying, he will be convinced by all that he is a sinner and will be judged by all,

25 and the secrets of his heart will be laid bare. So he will fall down and worship God, exclaiming, "God is really among you!"

26 What then shall we say, brothers? When you come together, everyone has a hymn, or a word of instruction, a revelation, a tongue or an interpretation. All of these must be done for the strengthening of the church.

23 그러므로 온 교회가 함께 모여 다 방언으로 말하면 알지 못하는 자들
이나 믿지 아니하는 자들이 들어와서 너희를 미쳤다 하지 아니하겠느냐
24 그러나 다 예언을 하면 믿지 아니하는 자들이나 알지 못하는 자들이
들어와서 모든 사람에게 책망을 들으며 모든 사람에게 판단을 받고 25
그 마음의 숨은 일들이 드러나게 되므로 엎드리어 하나님께 경배하며 하
나님이 참으로 너희 가운데 계신다 전파하리라 26 그런즉 형제들아 어찌
할까 너희가 모일 때에 각각 찬송시도 있으며 가르치는 말씀도 있으며 계
시도 있으며 방언도 있으며 통역함도 있나니 모든 것을 덕을 세우기 위하
여 하라

따라 쓴 날 . .

1Corinthians 15

futile [fju:taɪl]
헛된, 소용없는

firstfruits [-frú:ts]
첫 수확물, 햇것, 최초의 성과

resurrection [rezəˈrekʃn]
그리스도의 부활

15:17-22

17 And if Christ has not been raised, your faith is futile; you are still in your sins.

18 Then those also who have fallen asleep in Christ are lost.

19 If only for this life we have hope in Christ, we are to be pitied more than all men.

20 But Christ has indeed been raised from the dead, the firstfruits of those who have fallen asleep.

21 For since death came through a man, the resurrection of the dead comes also through a man.

22 For as in Adam all die, so in Christ all will be made alive.

17 그리스도께서 다시 살아나신 일이 없으면 너희의 믿음도 헛되고 너희
가 여전히 죄 가운데 있을 것이요 18 또한 그리스도 안에서 잠자는 자도
망하였으리니 19 만일 그리스도 안에서 우리가 바라는 것이 다만 이 세
상의 삶뿐이면 모든 사람 가운데 우리가 더욱 불쌍한 자이리라 20 그러
나 이제 그리스도께서 죽은 자 가운데서 다시 살아나사 잠자는 자들의
첫 열매가 되셨도다 21 사망이 한 사람으로 말미암았으니 죽은 자의 부
활도 한 사람으로 말미암는도다 22 아담 안에서 모든 사람이 죽은 것 같
이 그리스도 안에서 모든 사람이 삶을 얻으리라

1Corinthians 16

income [ɪnkʌm;-kəm]
소득, 수입

approve [ə'pru:v]
찬성하다, 승인하다

accompany [ə'kʌmpəni]
동행하다, 동반되다

16:1-4

1 Now about the collection for God's people: Do what I told the Galatian churches to do.

2 On the first day of every week, each one of you should set aside a sum of money in keeping with his income, saving it up, so that when I come no collections will have to be made.

3 Then, when I arrive, I will give letters of introduction to the men you approve and send them with your gift to Jerusalem.

4 If it seems advisable for me to go also, they will accompany me.

1 Now about the collection for God's people: Do what I told the
Galatian churches to do. 2 On the first day of every week, each one
of you should set aside a sum of money in keeping with his income,
saving it up, so that when I come no collections will have to be made.
3 Then, when I arrive, I will give letters of introduction to the men
you approve and send them with your gift to Jerusalem. 4 If it seems
advisable for me to go also, they will accompany me.

따라 쓴 날 . .

2 Corinthians
1

uninformed [ˌʌnɪnˈfɔːmd]
지식이 없는, 정보를 갖고 있지 못한

endure [ɪnˈdjʊə(r)]
견디다, 참다, 오래 지속되다

province [ˈprɒvɪns]
(행정단위)주, 수도 외의 지방

1:7-9

7 And our hope for you is firm, because we know that just as you share in our sufferings, so also you share in our comfort.

8 We do not want you to be uninformed, brothers, about the hardships we suffered in the province of Asia. We were under great pressure, far beyond our ability to endure, so that we despaired even of life.

9 Indeed, in our hearts we felt the sentence of death. But this happened that we might not rely on ourselves but on God, who raises the dead.

7 너희를 위한 우리의 소망이 견고함은 너희가 고난에 참여하는 자가 된
것 같이 위로에도 그러할 줄을 앎이라 8 형제들아 우리가 아시아에서 당
한 환난을 너희가 모르기를 원하지 아니하노니 힘에 겹도록 심한 고난을
당하여 살 소망까지 끊어지고 9 우리는 우리 자신이 사형 선고를 받은 줄
알았으니 이는 우리로 자기를 의지하지 말고 오직 죽은 자를 다시 살리시
는 하나님만 의지하게 하심이라

다 쓴 날 . . .

2 Corinthians 2

Fragrance [freɪgrəns]
향기 향

Peddle [pedl]
팔러 다니다, 퍼뜨리다, 유포하다

Sincerity [sinsérəti]
성실, 정직

2:14-17

14 But thanks be to God, who always leads us in triumphal procession in Christ and through us spreads everywhere the fragrance of the knowledge of him.

15 For we are to God the aroma of Christ among those who are being saved and those who are perishing.

16 To the one we are the smell of death; to the other, the fragrance of life. And who is equal to such a task?

17 Unlike so many, we do not peddle the word of God for profit. On the contrary, in Christ we speak before God with sincerity, like men sent from God.

14 항상 우리를 그리스도 안에서 이기게 하시고 우리로 말미암아 각처에
서 그리스도를 아는 냄새를 나타내시는 하나님께 감사하노라 15 우리는
구원 받는 자들에게나 망하는 자들에게나 하나님 앞에서 그리스도의 향
기니 16 이 사람에게는 사망으로부터 사망에 이르는 냄새요 저 사람에게
는 생명으로부터 생명에 이르는 냄새라 누가 이 일을 감당하리요 17 우리
는 수많은 사람들처럼 하나님의 말씀을 혼잡하게 하지 아니하고 곧 순전
함으로 하나님께 받은 것 같이 하나님 앞에서와 그리스도 안에서 말하노
라

따라 쓴 날 . .

2 Corinthians 3

Competent [kɒmpɪtənt]
능숙한, 유능한

Covenant [kʌvənənt]
약속, 언약

Steadily [stédili]
착실하게, 견실하게

3:5-7

5 Not that we are competent in ourselves to claim anything for ourselves, but our competence comes from God.

6 He has made us competent as ministers of a new covenant--not of the letter but of the Spirit; for the letter kills, but the Spirit gives life.

7 Now if the ministry that brought death, which was engraved in letters on stone, came with glory, so that the Israelites could not look steadily at the face of Moses because of its glory, fading though it was,

5 우리가 무슨 일이든지 우리에게서 난 것 같이 스스로 만족할 것이 아니
니 우리의 만족은 오직 하나님으로부터 나느니라 6 그가 또한 우리를 새
언약의 일꾼 되기에 만족하게 하셨으니 율법 조문으로 하지 아니하고 오
직 영으로 함이니 율법 조문은 죽이는 것이요 영은 살리는 것이니라 7 돌
에 써서 새긴 죽게 하는 율법 조문의 직분도 영광이 있어 이스라엘 자손
들은 모세의 얼굴의 없어질 영광 때문에도 그 얼굴을 주목하지 못하였거
든

따라 쓴 날 . .

2 *Corinthians*

4

Surpassing [sərpǽsiŋ]
빼어난, 뛰어난

persecute [ˈpɜːsɪkjuːt]
박해하다, 귀찮게 굴다

mortal [ˈmɔːrtl]
영원히 살 수 없는, 반드시 죽는, 치명적인

4:7-11

7 But we have this treasure in jars of clay to show that this all-surpassing power is from God and not from us.

8 We are hard pressed on every side, but not crushed; perplexed, but not in despair;

9 persecuted, but not abandoned; struck down, but not destroyed.

10 We always carry around in our body the death of Jesus, so that the life of Jesus may also be revealed in our body.

11 For we who are alive are always being given over to death for Jesus' sake, so that his life may be revealed in our mortal body.

7 우리가 이 보배를 질그릇에 가졌으니 이는 심히 큰 능력은 하나님께 있
고 우리에게 있지 아니함을 알게 하려 함이라 8 우리가 사방으로 우겨쌈
을 당하여도 싸이지 아니하며 답답한 일을 당하여도 낙심하지 아니하며
9 박해를 받아도 버린 바 되지 아니하며 거꾸러뜨림을 당하여도 망하지
아니하고 10 우리가 항상 예수의 죽음을 몸에 짊어짐은 예수의 생명이 또
한 우리 몸에 나타나게 하려 함이라 11 우리 살아 있는 자가 항상 예수를
위하여 죽음에 넘겨짐은 예수의 생명이 또한 우리 죽을 육체에 나타나게
하려 함이라

따라 쓴 날 . .

2 *Corinthians*

5

Compels [kəm'pels]
강요하다, (반응을) 자아내다

Regard [rɪ'gɑːrd]
~으로 여기다, (감정을 가지고) ~을 보다

creation [kri'eɪʃn]
창조, 창작, 창작품

5:14-17

14 For Christ's love compels us, because we are convinced that one died for all, and therefore all died.

15 And he died for all, that those who live should no longer live for themselves but for him who died for them and was raised again.

16 So from now on we regard no one from a worldly point of view. Though we once regarded Christ in this way, we do so no longer.

17 Therefore, if anyone is in Christ, he is a new creation; the old has gone, the new has come!

14 그리스도의 사랑이 우리를 강권하시는도다 우리가 생각하건대 한 사
람이 모든 사람을 대신하여 죽었은즉 모든 사람이 죽은 것이라 15 그가
모든 사람을 대신하여 죽으심은 살아 있는 자들로 하여금 다시는 그들 자
신을 위하여 살지 않고 오직 그들을 대신하여 죽었다가 다시 살아나신 이
를 위하여 살게 하려 함이라 16 그러므로 우리가 이제부터는 어떤 사람
도 육신을 따라 알지 아니하노라 비록 우리가 그리스도도 육신을 따라 알
았으나 이제부터는 그같이 알지 아니하노라 17 그런즉 누구든지 그리스
도 안에 있으면 새로운 피조물이라 이전 것은 지나갔으니 보라 새 것이 되
었도다

따라 쓴 날 . .

2 *Corinthians*

6

Urge [ɜːrdʒ]
충고하다, 강력히 권고하다

Salvation [sæl'veɪʃn]
구원

Favor [féivər]
호의, 친절

6:1-2

1 As God's fellow workers we urge you not to receive God's grace in vain.

2 For he says, "In the time of my favor I heard you, and in the day of salvation I helped you." I tell you, now is the time of God's favor, now is the day of salvation.

1 우리가 하나님과 함께 일하는 자로서 너희를 권하노니 하나님의 은혜를
헛되이 받지 말라
2 이르시되 내가 은혜 베풀 때에 너에게 듣고 구원의
날에 너를 도왔다 하셨으니 보라 지금은 은혜 받을 만한 때요 보라 지금
은 구원의 날이로다

2 *Corinthians* 7

Repentance [rɪ'pentəns]
뉘우침, 회개

regret [rɪ'gret]
후회하다, 유감스럽게 생각하다.

indignation [ɪndɪg'neɪʃn]
분개, 분함

7:9-11

9 yet now I am happy, not because you were made sorry, but because your sorrow led you to repentance. For you became sorrowful as God intended and so were not harmed in any way by us.

10 Godly sorrow brings repentance that leads to salvation and leaves no regret, but worldly sorrow brings death.

11 See what this godly sorrow has produced in you: what earnestness, what eagerness to clear yourselves, what indignation, what alarm, what longing, what concern, what readiness to see justice done. At every point you have proved yourselves to be innocent in this matter.

9 내가 지금 기뻐함은 너희로 근심하게 한 까닭이 아니요 도리어 너희가
근심함으로 회개함에 이른 까닭이라 너희가 하나님의 뜻대로 근심하게
된 것은 우리에게서 아무 해도 받지 않게 하려 함이라 10 하나님의 뜻대
로 하는 근심은 후회할 것이 없는 구원에 이르게 하는 회개를 이루는 것
이요 세상 근심은 사망을 이루는 것이니라 11 보라 하나님의 뜻대로 하게
된 이 근심이 너희로 얼마나 간절하게 하며 얼마나 변증하게 하며 얼마나
분하게 하며 얼마나 두렵게 하며 얼마나 사모하게 하며 얼마나 열심 있게
하며 얼마나 벌하게 하였는가 너희가 그 일에 대하여 일체 너희 자신의 깨
끗함을 나타내었느니라

따라 쓴 날 . .

2 *Corinthians*

8

Overflow [oʊvərfloʊ]
넘쳐 흐르다, 넘쳐나다

Urgently ['ɜːdʒəntli]
급히

Privilege ['prɪvəlɪdʒ]
특전, 특혜, 특권

8:1-5

1 And now, brothers, we want you to know about the grace that God has given the Macedonian churches.

2 Out of the most severe trial, their overflowing joy and their extreme poverty welled up in rich generosity.

3 For I testify that they gave as much as they were able, and even beyond their ability. Entirely on their own,

4 they urgently pleaded with us for the privilege of sharing in this service to the saints.

5 And they did not do as we expected, but they gave themselves first to the Lord and then to us in keeping with God's will.

1 형제들아 하나님께서 마게도냐 교회들에게 주신 은혜를 우리가 너희에
게 알리노니 2 환난의 많은 시련 가운데서 그들의 넘치는 기쁨과 극심한
가난이 그들의 풍성한 연보를 넘치도록 하게 하였느니라 3 내가 증언하노
니 그들이 힘대로 할 뿐 아니라 힘에 지나도록 자원하여 4 이 은혜와 성
도 섬기는 일에 참여함에 대하여 우리에게 간절히 구하니 5 우리가 바라
던 것뿐 아니라 그들이 먼저 자신을 주께 드리고 또 하나님의 뜻을 따라
우리에게 주었도다

따라 쓴 날 . . .

2 Corinthians 9

Reluctantly [rɪ'lʌktəntli]
마지못해서, 꺼려하여

Abound [ə'baʊnd]
아주 많다, 풍부하다

Occasion [ə'keɪʒn]
때, (특별한) 행사

9:7-11

7 Each man should give what he has decided in his heart to give, not reluctantly or under compulsion, for God loves a cheerful giver.

8 And God is able to make all grace abound to you, so that in all things at all times, having all that you need, you will abound in every good work.

9 As it is written: "He has scattered abroad his gifts to the poor; his righteousness endures forever."

10 Now he who supplies seed to the sower and bread for food will also supply and increase your store of seed and will enlarge the harvest of your righteousness.

11 You will be made rich in every way so that you can be generous on every occasion, and through us your generosity will result in thanksgiving to God.

7 각각 그 마음에 정한 대로 할 것이요 인색함으로나 억지로 하지 말지니
하나님은 즐겨 내는 자를 사랑하시느니라 8 하나님이 능히 모든 은혜를
너희에게 넘치게 하시나니 이는 너희로 모든 일에 항상 모든 것이 넉넉하
여 모든 착한 일을 넘치게 하게 하려 하심이라 9 기록된 바 그가 흩어 가
난한 자들에게 주었으니 그의 의가 영원토록 있느니라 함과 같으니라 10
심는 자에게 씨와 먹을 양식을 주시는 이가 너희 심을 것을 주사 풍성하게
하시고 너희 의의 열매를 더하게 하시리니 11 너희가 모든 일에 넉넉하여
너그럽게 연보를 함은 그들이 우리로 말미암아 하나님께 감사하게 하는
것이라

따라 쓴 날 . .

2 Corinthians 10

Contrary ['kɑːntreri]
~와는 다른, 정반대되는

demolish [dɪ'mɒlɪʃ]
건물을 철거하다, 무너뜨리다

obedience [oubíːdiəns]
복종, 순종, 충실

10:4-7

4 The weapons we fight with are not the weapons of the world. On the contrary, they have divine power to demolish strongholds.

5 We demolish arguments and every pretension that sets itself up against the knowledge of God, and we take captive every thought to make it obedient to Christ.

6 And we will be ready to punish every act of disobedience, once your obedience is complete.

7 You are looking only on the surface of things. If anyone is confident that he belongs to Christ, he should consider again that we belong to Christ just as much as he.

4 우리의 싸우는 무기는 육신에 속한 것이 아니요 오직 어떤 견고한 진도
무너뜨리는 하나님의 능력이라 모든 이론을 무너뜨리며 5 하나님 아는
것을 대적하여 높아진 것을 다 무너뜨리고 모든 생각을 사로잡아 그리스
도에게 복종하게 하니 6 너희의 복종이 온전하게 될 때에 모든 복종하지
않는 것을 벌하려고 준비하는 중에 있노라 7 너희는 외모만 보는도다 만
일 사람이 자기가 그리스도에게 속한 줄을 믿을진대 자기가 그리스도에
게 속한 것 같이 우리도 그러한 줄을 자기 속으로 다시 생각할 것이라

따라 쓴 날 . .

2 *Corinthians*

11

Deceitful [dɪˈsiːtfl]
기만적인, 부정직한

masquerade
[ˌmæskəˈreɪd]
가장, 가식

deserve [dɪˈzɜːrv]
을 받을만하다, ~해야 마땅하다

11:13-15

13 For such men are false apostles, deceitful workmen, masquerading as apostles of Christ.

14 And no wonder, for Satan himself masquerades as an angel of light.

15 It is not surprising, then, if his servants masquerade as servants of righteousness. Their end will be what their actions deserve.

13 그런 사람들은 거짓 사도요 속이는 일꾼이니 자기를 그리스도의 사도
로 가장하는 자들이니라 14 이것은 이상한 일이 아니니라 사탄도 자기를
광명의 천사로 가장하나니 15 그러므로 사탄의 일꾼들도 자기를 의의 일
꾼으로 가장하는 것이 또한 대단한 일이 아니니라 그들의 마지막은 그 행
위대로 되리라

Surpassingly
뛰어나게, 빼어나게

Sufficient [səˈfɪʃnt]
충분한

Persecutions
[pə́:rsikjú:ʃən]
박해, 학대

2 *Corinthians* 12

12:7-10

7 To keep me from becoming conceited because of these surpassingly great revelations, there was given me a thorn in my flesh, a messenger of Satan, to torment me.

8 Three times I pleaded with the Lord to take it away from me.

9 But he said to me, “My grace is sufficient for you, for my power is made perfect in weakness.” Therefore I will boast all the more gladly about my weaknesses, so that Christ's power may rest on me.

10 That is why, for Christ's sake, I delight in weaknesses, in insults, in hardships, in persecutions, in difficulties. For when I am weak, then I am strong.

7 여러 계시를 받은 것이 지극히 크므로 너무 자만하지 않게 하시려고 내
육체에 가시 곧 사탄의 사자를 주셨으니 이는 나를 쳐서 너무 자만하지
않게 하려 하심이라 8 이것이 내게서 떠나가게 하기 위하여 내가 세 번 주
께 간구하였더니 9 나에게 이르시기를 내 은혜가 네게 족하도다 이는 내
능력이 약한 데서 온전하여짐이라 하신지라 그러므로 도리어 크게 기뻐
함으로 나의 여러 약한 것들에 대하여 자랑하리니 이는 그리스도의 능력
이 내게 머물게 하려 함이라 10 그러므로 내가 그리스도를 위하여 약한
것들과 능욕과 궁핍과 박해와 곤고를 기뻐하노니 이는 내가 약한 그 때에
강함이라

2 Corinthians
13

Examine [ɪg'zæmɪn]
조사하다, 검사하다, 시험을 실시하다

Discover [dɪ'skʌvə(r)]
발견하다, 찾다

pray [preɪ]
기도하다

13:5-7

5 Examine yourselves to see whether you are in the faith; test yourselves. Do you not realize that Christ Jesus is in you--unless, of course, you fail the test?

6 And I trust that you will discover that we have not failed the test.

7 Now we pray to God that you will not do anything wrong. Not that people will see that we have stood the test but that you will do what is right even though we may seem to have failed.

5 너희는 믿음 안에 있는가 너희 자신을 시험하고 너희 자신을 확증하라
예수 그리스도께서 너희 안에 계신 줄을 너희가 스스로 알지 못하느냐 그
렇지 않으면 너희는 버림 받은 자니라 6 우리가 버림 받은 자 되지 아니한
것을 너희가 알기를 내가 바라고 7 우리가 하나님께서 너희로 악을 조금
도 행하지 않게 하시기를 구하노니 이는 우리가 옳은 자임을 나타내고자
함이 아니라 오직 우리는 버림 받은 자 같을지라도 너희는 선을 행하게 하
고자 함이라

교회를 위한 예수님의 기도

나는 아버지께서 내게 주신 말씀들을 그들에게 주었사오며
그들은 이것을 받고 내가 아버지께로부터 나온 줄을 참으로 아오며
아버지께서 나를 보내신 줄도 믿었사옵나이다

내가 그들을 위하여 비옵나니 내가 비옵는 것은 세상을 위함이 아니요
내게 주신 자들을 위함이니이다 그들은 아버지의 것이로소이다

내 것은 다 아버지의 것이요 아버지의 것은 내 것이온데
내가 그들로 말미암아 영광을 받았나이다

나는 세상에 더 있지 아니하오나 그들은 세상에 있사옵고
나는 아버지께로 가옵나니
거룩하신 아버지여 내게 주신 아버지의 이름으로
그들을 보전하사 우리와 같이 그들도 하나가 되게 하옵소서

내가 그들과 함께 있을 때에 내게 주신 아버지의 이름으로
그들을 보전하고 지키었나이다 그 중의 하나도 멸망하지 않고
다만 멸망의 자식뿐이오니 이는 성경을 응하게 함이니이다

지금 내가 아버지께로 가오니 내가 세상에서 이 말을 하옵는 것은
그들로 내 기쁨을 그들 안에 충만히 가지게 하려 함이니이다

내가 아버지의 말씀을 그들에게 주었사오매 세상이 그들을 미워하였사오니
이는 내가 세상에 속하지 아니함 같이
그들도 세상에 속하지 아니함으로 인함이니이다

내가 비옵는 것은 그들을 세상에서 데려가시기를 위함이 아니요
다만 악에 빠지지 않게 보전하시기를 위함이니이다

내가 세상에 속하지 아니함 같이 그들도 세상에 속하지 아니하였사옵나이다

그들을 진리로 거룩하게 하옵소서 아버지의 말씀은 진리니이다

- 요한복음 17:8-17 예수님의 기도 중에서 -

교회를 위한 ________ 의 기도

아멘

Soli Dew Gloria

손끝에서 피어나는
사랑의 권고

고린도전후서

따라쓰기
Hand Copying Scriptures

2019년 3월 5일 · 제1판 1쇄 발행

펴낸이 | 이요섭
펴낸데 | 요단출판사
07238 서울특별시 영등포구 국회대로 76길 10
기 획 | (02)2643-9155
영 업 | (02)2643-7290~1 Fax (02)2643-1877
등 록 | 1973. 8. 23. 제13-10호

기 획 | 출판팀
편 집 | 강성모
디자인 | 박지혜
제 작 | 박태훈
영 업 | 김승훈 김창윤 이대성 정준용
이영은 김경혜 최우창 백지숙
인터넷서점 | 유세근
요단인터넷서점 www.jordanbook.com

값 15,000원
ISBN 978-89-350-1735-5 03230

십계명

The Ten Commandments

하나님이 이 모든 말씀으로 말씀하여 이르시되
나는 너를 애굽 땅, 종 되었던 집에서 인도하여 낸 네 하나님 여호와니라

제일은, **너는 나 외에는 다른 신들을 네게 두지 말라**

제이는, **너를 위하여 새긴 우상을 만들지 말고 또 위로 하늘에 있는 것이나 아래로 땅에 있는 것이나 땅 아래 물 속에 있는 것의 어떤 형상도 만들지 말며 그것들에게 절하지 말며 그것들을 섬기지 말라**
나 네 하나님 여호와는 질투하는 하나님인즉 나를 미워하는 자의 죄를 갚되 아버지로부터 아들에게로 삼사 대까지 이르게 하거니와 나를 사랑하고 내 계명을 지키는 자에게는 천 대까지 은혜를 베푸느니라

제삼은, **너는 네 하나님 여호와의 이름을 망령되게 부르지 말라**
여호와는 그의 이름을 망령되게 부르는 자를 죄 없다 하지 아니하리라

제사는, **안식일을 기억하여 거룩하게 지키라**
엿새 동안은 힘써 네 모든 일을 행할 것이나 일곱째 날은 네 하나님 여호와의 안식일인즉 너나 네 아들이나 네 딸이나 네 남종이나 네 여종이나 네 가축이나 네 문안에 머무는 객이라도 아무 일도 하지 말라 이는 엿새 동안에 나 여호와가 하늘과 땅과 바다와 그 가운데 모든 것을 만들고 일곱째 날에 쉬었음이라 그러므로 나 여호와가 안식일을 복되게 하여 그 날을 거룩하게 하였느니라